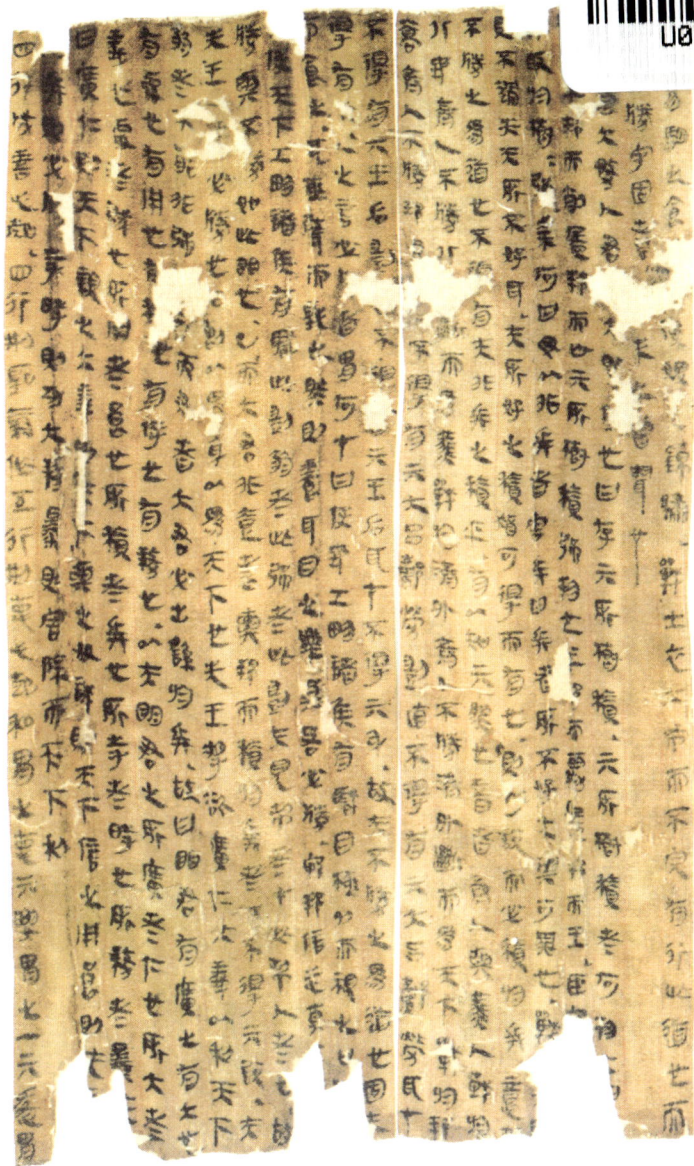

▲ 1973 年长沙马王堆汉墓出土帛书《道德经》甲本（局部）

　　1973 年，长沙马王堆汉墓出土帛书《道德经》甲、乙两种版本。甲本帛书与卷后佚书合抄成一长卷，高约 24 厘米，所用字体接近秦篆，抄写内容不避讳汉高帝刘邦及汉高后吕雉的名讳。帛书内容完整，但丝帛有所破损，文字多有残缺。

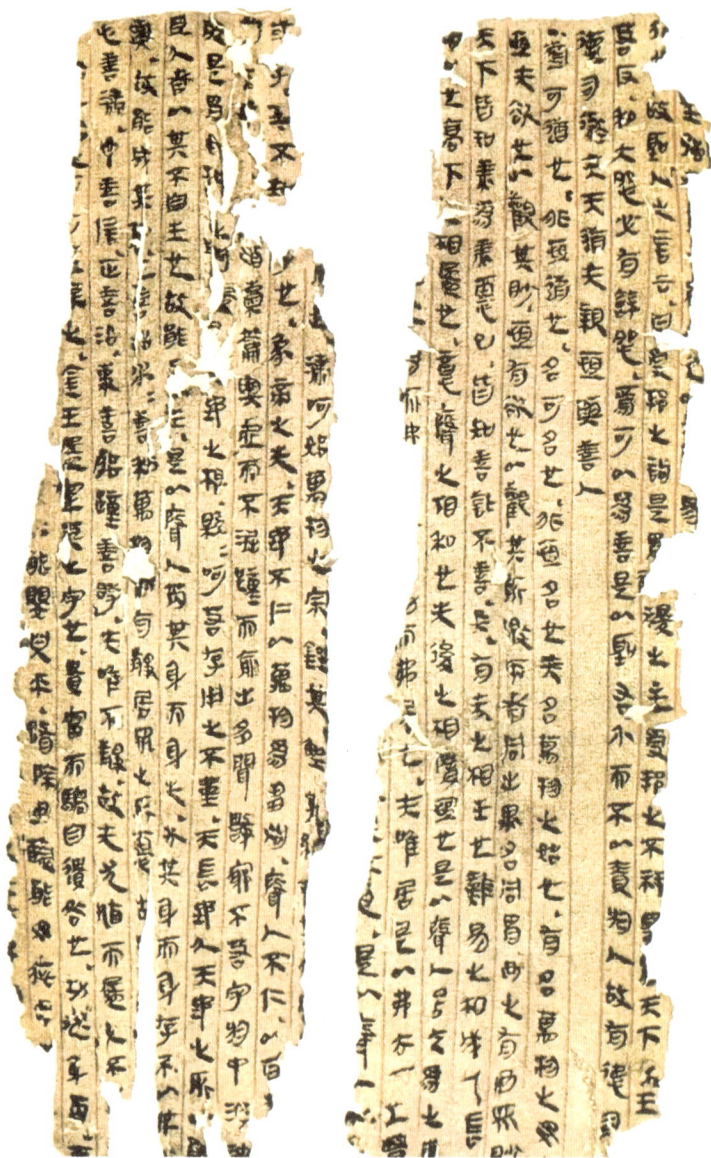

▲ 1973 年长沙马王堆汉墓出土帛书《道德经》乙本（局部）

1973 年，长沙马王堆汉墓出土帛书《道德经》甲、乙两种版本。乙本帛书与卷前四篇古佚书合抄在一幅宽帛上，原高约 48 厘米（出土时已断成上下两截），所用字体为规范的八分隶，抄写内容避讳汉高帝刘邦的名讳，但不避讳汉惠帝刘盈、汉文帝刘恒的名讳。

▲ 1973 年长沙马王堆汉墓考古现场

　　1973 至 1974 年年初，湖南省博物馆（现更名湖南博物院）与中国科学院考古研究所共同发掘马王堆汉墓二号、三号墓。1973 年 11 月 18 日—12 月 14 日，三号墓首先清理完毕，并于其中出土帛书《道德经》（即帛书《老子》甲、乙本）。

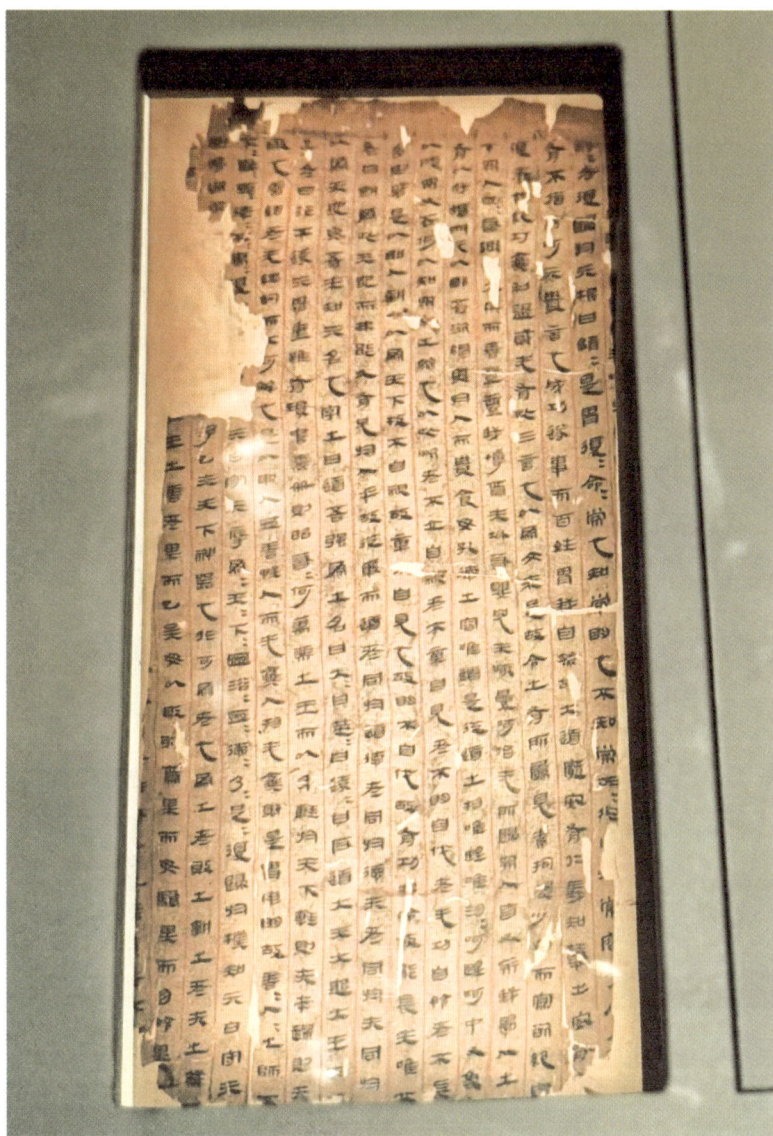

▲ 湖南博物院展示的帛书《道德经》真迹

　　长沙马王堆汉墓出土的帛书《道德经》（即帛书《老子》甲、乙本）现藏于湖南博物院中，是目前所见年代最早的《老子》手抄本之一，对人们研究道家思想及古代文献校勘具有极高的价值。

（春秋）老子——著　陈森——编注

帛书道德经

全解

中国纺织出版社有限公司

图书在版编目（CIP）数据

帛书道德经全解 /（春秋）老子著；陈森编注 .
北京：中国纺织出版社有限公司 , 2025.8. -- ISBN
978-7-5229-2961-3

Ⅰ . B223.15

中国国家版本馆 CIP 数据核字第 2025NH4024 号

责任编辑：邢雅鑫　　　责任校对：高　涵　　　责任印制：储志伟

中国纺织出版社有限公司出版发行
地址：北京市朝阳区百子湾东里 A407 号楼　邮政编码：100124
销售电话：010—67004422　传真：010—87155801
http://www.c-textilep.com
中国纺织出版社天猫旗舰店
官方微博 http://weibo.com/2119887771
鸿鹄（唐山）印务有限公司印刷　各地新华书店经销
2025 年 8 月第 1 版第 1 次印刷
开本：710×1000　1/16　印张：13　插页：2
字数：186 千字　定价：58.00 元

凡购本书，如有缺页、倒页、脱页，由本社图书营销中心调换在人类文明的璀璨星空中，有些著作如同恒星，其深邃的思想散发的智慧光芒，穿越时空的长河，照亮了一代又一代人的心灵。《道德经》，这部诞生于春秋时期的哲学巨著，便是其中最耀眼的星辰之一。它由中国古代的伟大思想家老子所著，以其独特深邃的哲学思想与发人深省的道德思考，影响了东方乃至全世界的文化和哲学发展。

《道德经》的核心思想可以概括为"道法自然"，它强调顺应自然规律，倡导无为而治的政治理念，以及提倡内在修养和简朴生活的道德观念。这些思想不仅在古代社会有着重要的指导意义，即便在当下依然具有深刻的现实意义和指导价值。在快节奏的现代生活中，老子的智慧提醒我们回归内心的宁静，寻找生活的平衡，实现人与自然和谐共处。

本书基于珍贵的帛书版本精心编注而成，旨在为读者提供一部准确、权威的《道德经》读本。帛书版本的《道德经》，于1973年出土于长沙马王堆汉墓。它与今天的传世本《道德经》顺序相反，是"德经"在前、"道经"在后，被认为是最接近老子原著的版本之一。它以其古朴的文字和未经后世篡改的纯粹性，为我们理解和研究老子的哲学思想提供了宝贵的第一手资料。

本书共包含四个版本的《道德经》文字，分别是：马王堆汉墓出土的帛书版《道德经》的甲、乙两本，西汉河上公注本，三国时期魏国王弼注本。本书以王弼注本为主校本，保留了帛书版《道德经》的原貌，并标注了缺失的文字部分，对原文进行注释、翻译。

在本书中，我们不仅力求还原老子的思想原貌，更通过详细的题解、原文呈现以及深入浅出的译文和注释，帮助读者深入领会《道德经》的精髓。每一章的题解，都是对该章内容的精练概括，帮助读者把握该章核心思想；原文的对照呈现，则更好地为读者呈现古代智慧的原始表达；译文和注释相配合，则让读者更容易理解老子深奥的哲学语言。

我们希望通过本书，能够让读者重新发现《道德经》的魅力，走近和感受老子深邃与宽广的哲思。无论是对于哲学爱好者、相关学者，还是对于寻求生活智慧的普通读者，本书都将成为一座桥梁，连接古代智慧与现代生活，引领读者进入一个充满哲思的世界。

在阅读本书的过程中，我们鼓励读者保持开放的心态，细细品味老子的每一句话、每一个概念。因为《道德经》不仅是一部哲学著作，更是一种生活的艺术、一种生命的智慧。愿每一位读者都能在这本书的陪伴下，找到属于自己的"道"，在纷扰的世界中保持一份宁静与清明。

陈森

2025 年 5 月

/ 目 录 /

德　经

第三十八章

【题解】

本章是帛书版本《道德经》中"德经"的第一章，也是老子道德学说之纲领。"道"和"德"是老子思想的核心范畴。"道"是"德"之本源，"德"是"道"之作用、"道"之显现。因此，凡是提到"玄德""上德"，都是言"道"。

老子将"德"分为"上德"和"下德"。最高尚的德是不以为自己有德而自然流露内在的品德。对于"上德"的人，"德"不是求取的对象，而是生命自然地表现出处处合于道，合于德，于是称为"有德"。而"下德"之人执着于"德"的外在形式，如履薄冰式地守着德，恰恰成了无德，即遗失了德最重要的自然真朴。下德之人丧真朴，不配以德相称。老子继而论辨德与仁、义、礼之别。它们的区别在于两方面：一是行为表现的"无为"和"为之"；二是行为动机的"无以为"和"有以为"。最高的德不仅无为，且无所求。"道"创生万物，不仅没有丝毫目的，也不自居有功、自恃己有，这是"道"的崇高德性或品格。上仁、上义、上礼，都是下德，都是"为之"，也都不再效法天道自然。

老子认为仁、义、礼是道德缺失之后的产物，不是真正的道德。人世间缺乏"（生而）弗有也，为而弗寺（恃）也，长而弗宰也"（第五十一章）❶的上德之"道"，才会出现所谓的仁义。老子认为万事万物都是相对而存在的，有了从人而来的仁、义、礼，也就有了不仁、不义、无礼。仁义极易流于伪善，成为权力的遮羞布，造成沽名钓誉、虚伪浮夸的风气。尤其是用礼法来约束一

❶ 题解中此类引用均引自帛书甲本，若甲本缺失，则引自乙本，括号内为据王本补全的缺失字。

个人的行为时，正说明了人们缺乏真正的美善。老子反对仁义礼法，并不是要站在其对立面。如果人们按照"道"去行事，不需要知晓和施行仁义，人人无仁无义，只要怀揣"三宝"——"一曰兹，二曰检，三曰不敢为天下先"（第六十九章），纯朴自然地生活。如果说儒家追求的是仁义，那么老子追求的是超越人类世界的所谓仁义，上达道德。老子的道德观是合于普遍性、真理性的生活。因此，大丈夫舍弃"薄""华"，居"实""厚"，其实是追求真正的"道"。

【原文】

甲本：□□□□□□□□□□□□□□□□德。上德无□□无以为也。上仁为之□□以为也。上义为之而有以为也。上礼□□□□□□□□□攘臂而乃之。故失道而后德，失德而后仁，失仁而后义，□□□□□□□□□□□□而乱之首也。□□□，道之华也，而愚之首也。是以大丈夫居其厚而不居其泊，居其实不居其华①。故去皮取此。

乙本：上德不德②，是以有德；下德不失德③，是以无德。上德无为而无以为④也。上仁为之而无以为也。上义为之而有以为也。上礼为之而莫之应⑤也，则攘臂⑥而乃⑦之。故失道而后德，失德而句⑧仁，失仁而句义，失义而句礼。夫礼者，忠信之泊⑨也，而乱之首也。前识者⑩，道之华⑪也，而愚之首也⑫。是以大丈夫居□□□□居其泊，居其实而不居其华。故去罢而取此。

河本：上德不德，是以有德；下德不失德，是以无德。上德无为而无以为；下德为之而有以为⑬。上仁为之而无以为；上义为之而有以为。上礼为之而莫之应，则攘臂而仍之。故失道而后德，失德而后仁，失仁而后义，失义而后礼。夫礼者，忠信之薄，而乱之首。前识者，道之华，而愚之始。是以大丈夫处其厚，不处其薄，处其实，不处其华。故去彼取此。

王本：上德不德，是以有德；下德不失德，是以无德。上德无为而无以为。下德为之而有以为。上仁为之而无以为。上义为之而有以为。上礼为之而莫之应，则攘臂而扔之。故失道而后德，失德而后仁，失仁而后义，失义而后礼。夫礼者，忠信之薄而乱之首。前识者，道之华也，而愚之始。是以大丈夫处其厚不居其薄，处其实不居其华。故去彼取此。

【注释】

①此句帛书本与传世本文字略有不同，可互为勘校，文义无异。是以大丈夫居其厚而不居其泊，居其实不居其华：大丈夫立身敦厚，不居于浅薄；身处笃实，不居于虚华。厚、实，指"道""德"，薄、华，指"仁""义""礼"。

②上德不德：上德之人的德，不表现为外在形式的德。上德，具有上乘德行的人。不德，不表现为形式上的德，而是无心的德。河上公注："因循自然……其德不见。"王弼注："上德之人，唯道是用。不德其德，无执无用……故虽有德而无德名也。"

③不失德：形式上恪守仁、义之类的德。

④无以为：无心作为。"有以为"与"无以为"相反。

⑤莫之应：没有人回应。

⑥攘（rǎng）臂：捋起袖子，伸出胳膊。

⑦乃：牵拉，同"扔"。

⑧句：通"后"。

⑨泊：通"薄"，薄弱、不足的意思。

⑩前识者：前文所说的知晓仁、义、礼者。

⑪华：虚浮的东西。

⑫此句帛书本用了语气助词"也"，河本、王本无；帛书本末句"愚之首"，河本、王本作"愚之始"。其句文字有异，文义并无不同。

⑬此节河本和王本一样，帛书本没有"下德为之而有以为"一句。在最早为《老子》做注解的《韩非子·解老》篇中，有"上德""上仁""上义""上礼"的提法，而无"下德"的提法。河本、王本的"下德为之而有以为"，疑为衍文。

【译文】

上德之人的德，不表现为外在形式的德，因此有德；下德之人的德，表现在外，形式上恪守仁义之类的德，所以无德。上德之人顺应自然而无心作为。上仁之人有所作为却出于无意。上义之人有所作为且是有意为之。上礼之人有所施为而得不到回应，于是举起胳膊，强迫别人服从他。因此，失去"道"而后有"德"，失去"德"而后有"仁"，失去"仁"而后有"义"，失去"义"而后有"礼"。"礼"的出现，标志着忠信的不足，是祸乱的开端。前面所说的知晓仁、义、礼者，不过是道的虚华表面，是愚昧的开端。因此，大丈夫立身敦厚，不居于浅薄；身处笃实，不居于虚华。所以要舍弃浅薄虚华而采取朴实敦厚。

第三十九章

【题解】

本章的"一"就是指"道"，也就是宇宙万物的总根源，或用"道"称，或用"一"称，或用"玄牝"称，等等，都是对这个总根源的一种描述。本章用"一"表示，强调"道"是宇宙万物唯一的根源和根据，万物只有依循"道"才能拥有自己的特质，也唯有得"道"才能保持生命。天、地、神、谷、侯王因归于"道"得以清、宁、灵、盈、正。这一句话的落脚点在于"侯王"。通过类比的方法，由"道"推衍人事，人应当依"道"而行，说明侯王若能遵循"道"，无私心，才能虚静无为，得以治人。

之后依然由"道"推衍人事，老子看到事物是运动变化的，事物发展至极点，必变为其反面。天、地、神、谷、侯王执守清、宁、灵、盈、贵，相当于上一章所谓"下德不失德"，反而会走向毁灭。老子对反面因素特别关注，指出高以下为基础，贵以贱为根本，统治者应当处贱而取下，践行"孤、寡、不穀"的要义，才能使其发展永不能至极点，自立于根本之上。

【原文】

甲本：昔之得一者①，天得一以清②，地得□以宁③，神得一以灵④，浴⑤得一以盈，侯□□□而以为□□正。其致⑥之也，胃天毋已清将恐□，胃地毋□□将恐□，胃神毋已灵□恐歇⑦，胃浴毋已盈将恐渴⑧，胃侯王毋已贵□□□□□故必贵而以贱为本，必高矣而以下为基。夫是以侯王自胃□寡不穀。此其□□□□□□？故致数与无与。是故不欲□□若玉，硌□□□。

乙本：昔得一者，天得一以清，地得一以宁，神得一以灵，浴得一□盈，侯王得一以为天下正⑨。其至也，胃天毋已清将恐莲⑩，地毋已宁将恐发⑪，神毋□□恐歇，谷毋已□将渴，侯王毋已贵以高将恐欮[12]。故必贵以贱为本，必高矣而以下为基。夫是以侯王自胃孤寡不穀[13]。此其贱之本与[14]，非也？故至数舆[15]无舆。是故不欲禄禄[16]若玉，硌硌[17]若石。

河本：昔之得一者，天得一以清，地得一以宁，神得一以灵，谷得一以盈，万物得一以生，侯王得一以为天下正。其致之，天无以清将恐裂，地无以宁将恐发，神无以灵将恐歇，谷无盈将恐竭，万物无以生将恐灭，侯王无以贵高将恐蹶。故贵以贱为本，高必以下为基。是以侯王自称孤寡不穀，此非以贱为本耶？非乎！故至数车无车，不欲琭琭如玉，落落如石。

王本：昔之得一者，天得一以清，地得一以宁，神得一以灵，谷得一以盈，万物得一以生，侯王得一以为天下贞。其致之，天无以清将恐裂，地无以宁将恐发，神无以灵将恐歇，谷无以盈将恐竭，万物无以生将恐灭，侯王无以贵高将恐蹶。故贵以贱为本，高以下为基。是以侯王自谓孤寡不穀。此非以贱为本邪？非乎？故致数舆无舆。不欲琭琭如玉，珞珞如石。

【注释】

①昔之得一者：自古凡是得到道的。昔，自古、从来。得一，得道。林希逸注："一者，道也。"

②天得一以清：天得到道而清明。以，连词，译为"而"。清，清明。

③宁：宁静。

④灵：灵验。

⑤浴：通"谷"，河谷。

⑥甲本作"致"，乙本作"至"，两字相通，意为推而及之。后文多处同。

⑦歇：停止。

⑧渴：通"竭"，干涸。

⑨正：指天下清静的模范。王本作"贞"；贞，正也。

⑩胃天毋已清将莲：天要是不清明恐怕要崩裂。胃，"谓"的省写。毋已，不节制；河本、王本作"无以"，解释为不能。高明认为"无以"原当作"无已"。莲，"裂"的借字，崩裂。

⑪发：塌陷。

⑫侯王毋已贵以高将恐欮：侯王不能保持清静恐怕政权要倾覆。贵以高，王本作"贵高"，陈鼓应考证后认为"高"应作"正"，清静的意思，否则语义不通。欮，借作"蹶"，颠覆。

⑬孤寡不榖：三者都是古代君主的谦称。孤，孤德。寡，寡德。不榖（gǔ），不善。

⑭与：同"欤"，疑问语气词。

⑮舆：通"誉"，声誉。

⑯禄禄：亦作"琭琭"，形容玉的精美。

⑰硌硌（luò）：亦作"珞珞"，形容石头坚硬的样子。

【译文】

自古凡是得到道的：天得到道而清明，地得到道而安宁，神得到道而灵验，河谷得到道而充盈，侯王得到道而使天下安定。推而及之，天要是不清明恐怕要崩裂，地要是不保持宁静恐怕要毁坏，神要是不保持灵妙恐怕要消失，河谷要是不保持充盈恐怕要枯竭，侯王不能保持清静恐怕政权要倾覆。所以尊贵以卑贱为根本，高以下为基础。因此，侯王自称为"孤""寡""不榖"，这不就是以低贱为根本吗？难道不是吗？所以追求过多的声誉就会失去声誉。所以有道之士不愿像玉那么精美，而宁可质朴坚韧如山石。

第四十章

（今传本第四十一章）

【题解】

本章意在说明"道"的隐奥微妙，它呈现出异常的特性，常常超越普通人的理解。

首先描述了三种人听到"道"后不同的反应：上士听了就努力实行；中士听了将信将疑；下士听了加以嘲笑。正是在讲述第三种人对"道"的态度中，老子论述了"道"的特性——大正若反。

老子借用古人的话，说明"道"是内敛的、含蓄的，表面显现出来的与内在是相反的，但这种表面与内在的不同不是矛盾对立的，而是内在更高级的品德表现出了好似相反的特点，如内在拥有真正的刚健之德，不计较是非，反而表现出懈怠；内在拥有真正的清白，不需要自我粉饰，反而好像有污点一般，等等。下士只看见浅层表象，所以嘲笑；中士看不清表象与其内在本质的联系，所以半信半疑、"若存若亡"；只有上士能看清"道"之表象背后的高妙，所以"堇能行之"。

"道"超越了现象界中所有的具体存在，超越了人们对事物的一般认识。"大方无隅，大器免成。大音希声，天象无形"说明大道幽隐，不可以形体求见。

【原文】

甲本：□□□

□□道，善
□□□□□。

乙本：上□□道，堇能行之①。中士闻道，若存若亡②。下士闻道，大笑
之。弗笑③，□□以为道。是以建言有之曰：明道如费，进道如退，夷道如
类④。上德如浴，大白如辱⑤。广德如不足，建德如□质□□□⑥大方无隅，大
器免成，大音希声，天象无形，道褒无名⑦。夫唯道，善始且善成⑧。

河本：上士闻道，勤而行之；中士闻道，若存若亡；下士闻道，大笑之。
不笑不足以为道。故建言有之：明道若昧，进道若退，夷道若类。上德若谷，
大白若辱，广德若不足，建德若揄，质直若渝。大方无隅，大器晚成，大音希
声，大象无形，道隐无名。夫唯道，善贷且成。

王本：上士闻道，勤而行之。中士闻道，若存若亡。下士闻道，大笑。不
笑，不足以为道。故建言有之：明道若昧，进道若退，夷道若类。上德若谷，
大白若辱。广德若不足，建德若偷。质真若渝。大方无隅，大器晚成，大音希
声，大象无形，道隐无名。夫唯道，善贷且成。

【注释】

①帛书乙本"上"后残损二字，据河本、王本补为"士闻"。上士闻道，
堇能行之：素质最高的人听了道，就会努力实行。上士，素质最高的人。堇，
通"勤"，努力。能，当作"而"，"能""而"两字古通。

②若存若亡：若即若离，将信将疑。

③弗笑：不笑，"弗"与"不"字义相同。

④是以建言有之曰：明道如费，进道如退，夷道如类：因此，有人说过：
光明的道好似很昏暗，前进的道好似在后退，平坦的道好似崎岖。是以，河
本、王本作"故"，义同。建言，立言，指前人的言论。费，当从河本、王
本作"昧"，昏昧不明。夷道，平坦的道。类，又作"纇"，古时通用，不平
之意。

⑤上德如浴，大白如辱：崇高的品德好似低下的峡谷，最纯净的心灵好似
有污点。浴，"谷"的本字，言上德之人虚空卑下，若谷也。辱，污黑。王弼
注云："知其白，守其黑，大白然后乃得。"

⑥根据王本补全为："广德如不足，建德如偷。质真如渝。"意为：大德好似不足，刚健的品德好似懈怠的样子，本性纯真却似会受污染变质。广德，大德、盛德。建，通"健"，刚健。偷，懈怠。渝，变污。《说文解字》："渝，变污也。"

⑦大方无隅，大器免成，大音希声，天象无形，道褒无名：最方正的东西没有边角，最大的器物无意成形，最大的声响无声无息，最大的形象没有具象，大道深广而无名。免成，免于成，无成之意。王本作"晚成"，意为最后完成。二者解释不同，都通。希声，无声。王弼注云："听之不闻曰希。大音，不可得闻之音也。有声则有分，有分则不宫而商矣。分则不能统众，故有声者非大音也。"天，"天"为"大"之误。褒，河本、王本作"隐"，隐，通"殷"，意为盛大、深广。帛书本作"褒"，帛书整理研究组注云："'褒'义为大为盛。"

⑧善始且善成：善始善终。帛书本的"始"字，河本、王本皆作"贷"；帛书本"善始"之"始"字，除敦煌戊本与之同外，世传本皆作"贷"。古书"始""贷"音近可通。

【译文】

素质最高的人听了道，就会努力实行；素质一般的人听了道，将信将疑；素质低下的人听了道，放声嘲笑。如果不被嘲笑，就不足以为道了。因此，有人说过：光明的道好似很昏暗，前进的道好似在后退，平坦的道好似崎岖。崇高的品德好似低下的峡谷，最纯净的心灵好似有污点。大德好似不足，刚健的品德好似懈怠的样子，本性纯真却似会受污染变质。最方正的东西没有边角，最大的器物无意成形，最大的声响无声无息，最大的形象没有具象，大道深广而无名。只有"道"，善始善终。

第四十一章

（今传本第四十章）

【题解】

老子看事物往往具有辩证思维，看到事物的相反对立，其根源在于"反也者，道之动也"，即"道"运行的规律，循环往复，无始无终。

"反"包含了三种含义：其一为物极必反，事物发展到极点后必然向相反的方向发展。其二为相反相成，看起来相反的事物也能相互促成。其三为返回，归根。事物在不断向对立面发展中，最终归复至其自身。

老子的意图不在于解释事物存在对立转化的现象，而是超越对立和相互转化，最终达到"道"的处境。因为只有"返璞归真"才是生存的根本，其方法就在于"弱也者，道之用也"。"道"的特性就体现在"守弱"，"道"的功能作用的发挥是通过其柔弱的特性而实现的。

"天下之物生于有，有（生）于无"指出生成万物的本源是"有"和"无"。"无"即"道"的代名词，或是指"道"之体。"有"即天下万物之母。"天下有始，以为天下母"（第五十二章），"有名，万物之母也"（第一章），这里的"有"和"无"都是形而上的，"有"是天下万物之上的"有"。"道"的原始状态是"无"，在"无"的状态里存在着生发"有"的趋势和动因。"有"和"无"同出而异名，"有"来源于"无"，亦必反之于"无"。往复循环、终而复始，"有无之相生"（帛书本有"之"字，第二章）。

【原文】

甲本：□□□，道之动也；弱①也者，道之用也。天□□□□□□□□

□□。

乙本：反②也者，道之动也；□□者，道之用也。天下之物生于有③，有□于无④。

河本：反者道之动，弱者道之用。天下万物生于有，有生于无。

王本：反者，道之动；弱者，道之用。天下万物生于有，有生于无。

【注释】

①弱：与"强"相对，谦退、不争而柔静之意。

②反：往复，旋转，循环。王弼注云："高以下为基，贵以贱为本，有以无为用，此其反也。"

③天下之物生于有：天下万物生于"有"。河本、王本作"万物"，帛书本作"之物"，"之物""万物"意思相近。王弼注云："天下之物皆以有为生。有之所始，以无为本。将欲全有，必反于无也。"有，与"无名，万物之始也，有名，万物之母也"（第一章）中的"有"义同，指形上之"道"的实存性，天下万物之母。

④无："道"的代名词，或是指"道"之体。

【译文】

道的运动是循环往复的，道的作用是守弱不争的。天下万物生于"有"，"有"生于"无"。

第四十二章

【题解】

本章为老子的宇宙生成论。"道生一，一生二，二生三，三生（万物）"是对宇宙生成过程的一种表述，说明万物创生由简到繁、从少到多的活动历程。至于"一""二""三"具体指什么，是实数还是虚数，有多种解释。比如《淮南子》认为一是元初之气；二是阴阳二气；三是阴、阳及阴阳合气。河上公认为三是和、清、浊三气。高亨认为一、二、三是虚数。刘笑敢认为不必对一、二、三的具体含义作解释，因为这句话是老子对世界万物生发演化过程所作的理论假说的抽象化、模式化表述，而不是实际过程的现象描述。本章接续第四十一章，讲述了宇宙的生成过程。前一章云："天下之物生于有，有'生'于无"与本章中"道生一，一生二，二生三，三生（万物）"可以类比。"道"即"无"，"一""二""三"可以概述为"有"。在"有"中阴阳精气调和，万物各得其和以生。这种阴阳相合的和谐之状，是万物存在的根本状态。

接着，由万物创生的过程推及人事，前后文脉似乎若不相属，但文义一脉贯通，都是讲"生"。"道"化生万物，"弱也者，道之用也"（第四十一章），"弱"是"道"在运行化生中呈现出的特点和方式。"人之生也柔弱""柔弱微细生之徒也"（第七十八章），由天道推衍人事，人的"生"也应当"守弱"，不可骄矜恃气，应谦虚自守。"孤、寡、不穀"都与"弱"相属，都是人们不愿意落入的境地，但统治者以此为自己的名字，正是强调统治者要守住"弱"，因为"勿或损之（而益，或益）之而损"，增益反倒减损，减损反倒盈获。减损是一种"弱"式，天地之道，不争而善胜，人之道应效仿天地之道，"守弱"得"生"以致长存不灭。

人们往往对正面因素比较关注，对"损失""柔弱"等反面因素忽视不顾，但柔弱不争是最接近"道"的法则，"人法地，地法天，天法道，道法自然"（第二十五章），老子以"强良者不得死"的古训告诫人，也是在告诉人们，真正的"生"路是守弱致柔。

【原文】

甲本：□□□□□□□□□□□□□□□□□□□，中气①以为和。天下之所恶，唯孤寡不榖，而王公以自名也。勿或损之□□□之而损。故人□□教，夕议而教人："故强良者不得死②。"我□以为学父③。

乙本：道生一，一生二，二生三，三生④□□□□□□□□□□□以为和。人之所亚，唯□寡不榖，而王公以自□□，□□□□□云，云之而益。□□□□□□□□□□□□□□□将以□□父。

河本：道生一，一生二，二生三，三生万物。万物负阴而抱阳，冲气以为和。人之所恶，唯孤、寡、不榖，而王公以为称。故物或损之而益，或益之而损。人之所教，我亦教之。强梁者不得其死，吾将以为教父。

王本：道生一，一生二，二生三，三生万物。万物负阴而抱阳，冲气以为和。人之所恶，唯孤寡不榖，而王公以为称。故物或损之而益，或益之而损。人之所教，我亦教人。强梁者不得其死，吾将以为教父。

【注释】

①中气：王本作"冲气"，指阴阳两气相激荡。《说文解字》："冲，涌摇也。"

②夕议而教人："故强良者不得死"：我也同样去教导别人："强横霸道的人（不遵守道的人）不得善终。"夕，假借字，作"亦"。议，通"义"，"义"是"我"的假借字。强良，河本、王本作"强梁"，强横霸道。不得死，不得善终。

③学父：教育的重要内容。学，河本、王本作"教"，"学"和"教"义相近，教育、学习的意思。父，父亲，与"子"相对，父为主，子为次，比喻主要的、重要的。或者说"父"通"甫"，开始、最初，"学父"意为教育的最初内容。二者都通。

④据王本补"万物"二字，即"道生一，一生二，二生三，三生万物"，描述了道生万物的过程。这一过程是由简至繁，用一、二、三的数字来代指。

【译文】

道生而为一，一生而有二，二生多，多生以至有万物。万物中都包含阴阳二气，阴阳二气相激荡而成新的和谐体。世人所厌恶的是"孤""寡""不穀"，而王公用这些词来自称。世上的事物，有时增益它反而使它减损，有时减损它反而使它增益。古人所教导于我的，我也同样去教导别人："强横霸道的人（不遵守道的人）不得善终。"我将把这当作教育的重要内容。

第四十三章

【题解】

柔弱以至于"至柔",虚无以至于"无有",是"道"之形而上学最显著的特征。"至柔"与"无有"本质相通;"致坚"与"无间"实质相同。柔弱虚无如何发挥力量来驰骋至坚,入于无间呢?这就要遵循"云之有云,以至于无(为。无为而无不为)"(第四十八章)的原则。"道"的"至柔""无有"的力量体现在"无为"之中。"天下之至柔,驰骋于天下之致坚。无有入无间"正是"道"和"无为而无不为"的力量的体现。老子的"无为"并非无所作为,否定一切人为,而是指按照万事万物之自然本性的"不妄作为",以此达到"无不为"。

"不言之教"由"道"的性质所决定。"道,可道也,非恒道也"(第一章),可言说的"道"都不是恒常的"道","道"本身无法用语言完整表述,语言是有限的,而"道"是无限的。"不言"与"无为"是一致的,"不(言之)教"可以说成无为之教。"道法自然"(第二十五章),"自然"就是顺应万物却又"弗始""弗侍""弗居"(第二章),自然而然、无为且不言。所以"不(言之)教,无为之益"其实就是回归"自然"。

【原文】

甲本:天下之至柔①,□骋于天下之致坚②。无有入于无间③。五是以知无为④□□益也。不□□教,无为之益,□下希⑤能及之矣。

乙本:天下之至□,驰骋⑥于天下□□□。□□□□无间。吾是以□□□□□□也。不□□□□□□□□□□□□□□矣。

河本:天下之至柔,驰骋天下之至坚。无有入无间,吾是以知无为之有益。不言之教，无为之益，天下希及之。

王本：天下之至柔，驰骋天下之至坚。无有入无间。吾是以知无为之有益。不言之教，无为之益，天下希及之。

【注释】

①至柔：最柔弱。

②致坚：即"至坚"，最坚硬。

③无有入于无间：无形的东西能穿透没有间隙的东西。无有，不见形相。无间，没有间隙。

④无为：不刻意作为，即做事要顺应自然、规律。

⑤希：通"稀"，稀少、罕见。

⑥驰骋：任意驾驭，控制自如。

【译文】

天下最柔弱的东西，可驾驭最坚硬的东西；无形的东西能穿透没有间隙的东西。我因此得知无为的益处。不言的教化，无为的益处，天下很少有人做到。

第四十四章

【题解】

本章老子将名利和生命进行比较，意在说明生命重于名利，告诫世人知足知止，方能避祸。

老子是强调重身的。人的"身"包含精神生命与物质生命，应当体现"道"的属性。但世人由于对声、色、货、利的过分追求，不免落入祸患之中。在常人看来，以名利为人生目的，为了追求名利，可以不顾及身体甚至生命，但贪求名利，转眼落空，是常有的事。这也道出了"道"的运动发展规律：事物会向对立面转化，"甚（爱必大费，多藏必厚）亡"，过多索取必然导致沉重的损失，到那时，失去的可能不仅是财富，还包括人的精神、人格、尊严、品质等。老子以此来告诫人们处理好名利和自身的关系，切勿为了获得身外之物而失去生命。人赚得全世界却失去生命，还有什么意义呢？人不可能永远拥有这些外在的东西。

老子提出两个处理名利和生命的关系的方法：一为"知足"，在心理、主观欲望上有所节制；二为"知止"，在行为做事上要能"适可而止"。知足于内而知止于外，如此才可以长久。

【原文】

甲本：名与身孰亲^①？身与货孰多^②？得与亡孰病^③？甚□□□□□□□亡。故知足不辱^④，知止不殆^⑤，可以长久。

乙本：名与□□□□□□□□□□□□□□□□□□□□□□□□□□□□□□□□□。

河本：名与身孰亲？身与货孰多？得与亡孰病？甚爱必大费，多藏必厚亡。知足不辱，知止不殆，可以长久。

王本：名与身孰亲？身与货孰多？得与亡孰病？是故甚爱必大费，多藏必厚亡。知足不辱，知止不殆，可以长久。

【注释】

①名与身孰亲：名望和生命相比哪一样更重要？名，名望。身，身体，这里指生命。孰，哪一样。亲，这里是重要的意思。王弼注云："尚名好高，其身必疏。"

②多：贵重。

③得与亡孰病：得到名利和丧失生命，哪一个更有害处？得，得到名利。亡，失去生命。病，害处。

④不辱：不会受到屈辱。

⑤知止不殆：知道适可而止，就不会招来危险。止，适可而止。殆，危险。

【译文】

名望和生命相比哪一样更重要？生命和钱财比起来哪一样更为贵重？得到名利和丧失生命，哪一个更有害处？过度爱慕名利就必然付出更大的代价，过于积敛财富必定会损失惨重。所以，知道满足，就不会受到屈辱；知道适可而止，就不会招来危险。这样才可以保持长久的平安。

第四十五章

【题解】

本章与第四十章可以互相参看，都表达一种大正若反、盛德若缺的思想。

"道"虽然柔弱无为、隐而不显，表现得"若缺""若盈""如讪""如拙""如炳"，但是它至高无上，完美无缺，创生万物，哺育万物，成为万物的法则和理想范式，可见，大道深藏若虚而作用无穷。对"道"这种内在与外在看似矛盾实则一致的表现，张岱年解释道："正面的状态容纳了反面的成分才是比较圆满的状态。正面的状态预先容纳了反面的成分，即可不再转化为反面了……老子认为，结合了'反'的正，才是正的圆满状态。"

老子极言"道"的隐而不彰、深藏不露的特点是要告诉世人，这不仅是"道"的境界，也应当是得道之圣人的人生境界，是每一个人要追求的人格境界。

本章最后一句，由言"道"推及人事，认为"清静"是天下最重要的原则。清净无为的圣人之治就是施行"无为之治"和"不言之教"。"无为之治"可以使百姓按本性自然生活，"不言之教"可以消除狂热、浮躁，使民心安宁。政通人和、人心思定，这才是人间正道。

【原文】

甲本：大成若缺，其用不弊①。大盈若浊，其用不窘②。大直如讪，大巧如拙，大赢如炳③。趮胜寒，靓胜炅④。请靓可以为天下正⑤。

乙本：□□□□□□□□□盈如冲，其□□□。□□□□□□如拙，□□□绌⑥。趮朕⑦寒，□□□□□□□□□。

河本：大成若缺，其用不弊。大盈若冲，其用不穷。大直若屈，大巧若拙，大辩若讷。躁胜寒，静则热。清静为天下正。

王本：大成若缺，其用不弊。大盈若冲，其用不穷。大直若屈，大巧若拙，大辩若讷。躁胜寒，静胜热。清静为天下正。

【注释】

①大成若缺，其用不弊：最完美的东西好似有缺陷一样，但它的作用永远不衰竭。大成，大完满的东西。缺，亏缺、亏欠。弊，穷乏，衰竭。

②大盈若盅，其用不鄩：最充盈的东西好似有虚空，但是它的作用无穷无尽。盅，"盅"的异体字，空虚。鄩，"穷"的异体字，穷尽。帛书本与传世本字虽不同但义同。

③大直如诎，大巧如拙，大赢如炳：最直的东西好似弯曲的，最巧妙的东西好似笨拙的，最出格的东西好似不足。诎，弯曲。炳，通"朒"，"朒"与"讷"同音通假，短缺、不足，与"赢"相对。赢，盈余，出格。帛书本"大赢若炳"的"赢"，河本、王本作"辩"，据考证，"大辩若讷"的"辩"为后人篡改。

④趮胜寒，靓胜炅：运动以抵御严寒，安静可以克服酷热。趮，与"躁"同字异体，躁动，运动。靓，通"静"。炅，作"热"。

⑤请靓可以为天下正：清静无为是天下最重要的原则。请靓，作"清静"。正，长官，首领，引申为最重要的。

⑥绌："拙"的假借字，短缺、不足。

⑦朕："胜"的借字。

【译文】

最完美的东西好似有缺陷一样，但它的作用永远不衰竭；最充盈的东西好似有虚空，但是它的作用无穷无尽。最直的东西好似弯曲的，最巧妙的东西好似笨拙的，最出格的东西好似不足。运动可以抵御严寒，安静可以克服酷热。清静无为是天下最重要的原则。

第四十六章

【题解】

　　本章开篇描绘了有道之世和无道之世的不同：前者战马归田，百姓乐业；后者战乱频仍，连怀孕的母马都上了战场。有道之世和无道之世的最大区别在于是否发生战争，当无道之世发生战争时，连怀孕的母马都作为战马被派到战场，更不用说全国的物力、财力、人力，整个国家倾其所有用于战争。

　　老子生活在春秋末期，当时奴隶主贵族之间频繁发生兼并和掠夺战争，给广大人民带来严重的灾难。老子对战争持否定的态度，认为掌握着国家机器的君主、侯王，他们的权力欲望和领土扩张的野心导致战争的兴起。要消除战争，就要消除侯王的"不知足"之心。因此，老子告诫他们："罪莫大于可欲，祸莫大于不知足，咎莫憯于欲得。（故知足之足），恒足矣。""知足"是一个去机心、去知、去欲的结果，统治者知足，以身作则，才能消除祸根，安定天下。

【原文】

　　甲本：天下有□□走马以粪。天下无道，戎马生于郊^①。罪莫大于可欲，祸莫大于不知足，咎莫憯于欲得^②。□□□□□，恒足矣。

　　乙本：□□□道，却走马□粪^③。无道，戎马生于郊。罪莫大可欲，祸□□□□□□□□□□□□□□□□□□□□足矣。

　　河本：天下有道，却走马以粪。天下无道，戎马生于郊。罪莫大于可欲，祸莫大于不知足，咎莫大于欲得。故知足之足，常足。

　　王本：天下有道，却走马以粪。天下无道，戎马生于郊。祸莫大于不知足，咎莫大于欲得。故知足之足，常足矣。

【注释】

①郊：野外，暗指疆场或战场。高亨说："天下无道，干戈相寻，牡马乏绝，牝马当阵，战阵在郊。"

②罪莫大于可欲，祸莫大于不知足，咎莫憯于欲得：最大的罪过莫过于放纵欲望，最大的祸患莫过于不知足，最惨的灾难莫过于贪得无厌。可欲，此处有纵欲之义。咎，灾难、祸殃。憯（cǎn），通"惨"。

③据甲本补全为"却走马以粪"：将战马退回给农夫用来耕种。却，退还。走马，战马。粪，耕种。

【译文】

天下施行"道"的时候，太平安定，将战马退还给农夫用来耕种。天下不施行"道"的时候，连怀胎的母马也被迫送上战场，在战场的郊外生下马崽。最大的罪过莫过于放纵欲望，最大的祸患莫过于不知足，最惨的灾难莫过于贪得无厌。因此，懂得满足的这种满足，才是长久的满足。

第四十七章

【题解】

本章表现了老子的认识论。老子认为，宇宙是一个和谐统一的有机整体，"人法地，地法天，天法道，道法自然"（第二十五章），人的价值标准应当与宇宙万物的价值标准是统一的，即效法"道"的法则。因此，掌握了"道"，就是把握了事物的本源和本质。而"道"作为形而上的存在，不能通过观察、分析具体的事物来得知，而是通过精神的顿悟来把握。因此，圣人"修除玄蓝"（第十章），使内心纯朴敦厚，就可以明道以观万物，做到"不出于户，以知天下。不规于牖，以知天道"。

老子主张通过自觉性的顿悟来认清自然规律，并不是完全抛弃理性思维和经验积累。老子对人们心灵认识的划分不是抽象认识和实践认识，而是"为学"和"为道"。"为学"追求的是博学，博学不一定能获得真知，甚至博学有时妨碍人认识真理。"为道"追求的是"道法自然"的智慧，追求真理、体悟真道的人生。

【原文】

甲本：不出于户^①，以知天下。不规于牖，以知天道^②。其出也籣^③远，其□□□□□□□□□□□□□□□□为而□。

乙本：不出于户，以知天下。不规于□□知天道。其出弥远者，其知弥□□□□□□□□□□而名^④，弗为而成^⑤。

河本：不出户知天下；不窥牖见天道。其出弥远，其知弥少。是以圣人不行而知，不见而名，不为而成。

王本：不出户，知天下；不窥牖，见天道。其出弥远，其知弥少。是以圣人不行而知，不见而名，不为而成。

【注释】

①户：门，这里指居室之门。河上公注："圣人不出户以知天下者，以己身知人身，以己家知人家，所以见天下也。"

②不规于牖，以知天道：不看窗外，就知道日月星辰运行的自然规律。规，通"窥"，《说文解字》："窥，小视也"，即从小孔隙里看。牖（yǒu），窗户。天道，自然的规律。

③篃：通"弥"，更加。

④名：通"明"。

⑤成：成全、成就。王弼注云："明物知性，因之而已，故虽不为，而使之成矣。"

【译文】

不出门就知道天下事，不看窗外就知道日月星辰运行的自然规律。心思向外觅求越远，所知道的越少。所以圣人不出行就能感知，不用目睹就能明了，不妄为就可以有所成就。

第四十八章

【题解】

本章接续上一章，点明"为学"与"为道"的区别。"为学"指获得知识的活动，增加对人事和各种事物的认识。

老子反对"为学"，不仅反对通常意义上的巧智、机谋，还有仁义礼乐、五色、五味、五音等人为之文，它们都与自然的"素""朴"相背离，与人们永不满足的欲望相连。"为道"就是"法自然"，使内在的生命少私寡欲，超越世间人人孜孜以求的"人文"，追求"自然"。"自然"便是无为，不强加施行自己的主观意志，顺应万物的本性。于是就达到了"无不为"的效果：自然发展，万物兴盛，百姓自在。推及人事，人如果能像"道"那样"无为"以治天下，则天下无不治。

【原文】

甲本：□□□□□□□□□□□□□□□□□□□□□□□□取天下也，恒□□□□□□□□□□□天□。

乙本：为学者日益，闻道者日云^①。云之有^②云，以至于无□□□□□□□取^③天下，恒无事^④；及其有事^⑤也，□足以取天□。

河本：为学日益，为道日损。损之又损，以至于无为。无为而无不为。取天下常以无事，及其有事，不足以取天下。

王本：为学日益，为道日损。损之又损，以至于无为。无为而无不为。取天下常以无事，及其有事，不足以取天下。

【注释】

①为学者日益，闻道者日云：求取知识的人，知识是一天比一天增加；求取自然之道的人，物质和欲望是一天比一天减少。为学，求取知识。河上公注："学谓政教、礼乐之学也；日益者，情欲文饰日以增多。"闻道，求取自然之道。河上公注："道，谓自然之道也；日损者，情欲文饰日以消损。"云，通"损"，减少。

②有：通"又"。

③取：治。

④无事：无扰民之事。

⑤有事：政令繁苛。

【译文】

求取知识的人，知识是一天比一天增加；求取自然之道的人，物质和欲望是一天比一天减少。减少又减少，一直到"无为"的境地。无妄为那就没有什么事情做不成的了。治理国家要以不扰乱民生为本，如果常常因政令繁苛扰乱民生，就不能治理好国家。

第四十九章

【题解】

本章表述了老子心中理想的圣人之治应该是怎样的。圣人也就是理想中的统治者，他能够不以自我为中心，而以百姓的意志为重，能宽容待人，使百姓的心回归纯朴，如同婴孩一般。关于如何治理国家，可以分为三方面来看。

首先，统治者要做一个符合"道"的统治者，统治者不能从自我意志出发去决定好恶、判断是非，也不能以自我意志去限定百姓意志。统治者要无为，不是毫无作为，而是顺应百姓的意志，"百省（姓）之心为心"，这就是符合大道。

其次，自然和谐的原则高于人的是非、善恶的原则。有道的统治者以慈悲为怀，不论贫富贵贱、贤愚不肖，一视同仁，这不是要表达不辨是非善恶。过分严辨是非善恶就会出现异己、争端、专制。此外，只有对不善者待之以善导之以善、对不信者待之以信导之以信，才能真正使"善""信"深入人心。第七十五章云："天罔（恢恢），疏而不失"，万物若真的违背"道"的自然规律，自会遭遇失败，无须统治者替天行道。

最后，有道的统治者治理国家的目的就是使百姓"复归于婴儿"，像孩童那样朴真无邪。这就要求统治者以身作则，自己成为一个纯朴自然、葆有赤子之心的人。

【原文】

甲本：□□□□□以百□之心为□善者善之，不善者亦善□□□□，□□□□□□□□□□信也□□之在天下，欱欱^①焉，为天下浑心^②。百姓皆属耳目焉^③，圣人□□□。

乙本：□人恒无心，以百省之心为心④。善□□□□□□□□□□善也。信者信之，不信者亦信之，德信⑤也。人之在天下也，欱欱焉□□□□□□□皆注其□□□□□□□。

河本：圣人常无心，以百姓心为心。善者吾善之；不善者吾亦善之，德善。信者吾信之；不信者吾亦信之，德信。圣人在天下怵怵，为天下浑其心。百姓皆注其耳目，圣人皆孩之。

王本：圣人无常心，以百姓心为心。善者吾善之，不善者吾亦善之，德善。信者吾信之，不信者吾亦信之，德信也。圣人在天下歙歙，为天下浑其心，□□□□□□□圣人皆孩之。

【注释】

①欱欱：收敛，自我约束。欱犹"合"。

②为天下浑心：使天下人心归于纯朴。

③百姓皆属耳目焉：百姓对世俗事都投注耳目。属，也作"注"，专属，投注。这句话王本没有，但王弼有对这一句话作注"各用聪明"，可知王本原有此句，或因传抄时脱落。

④据王本补全为"圣人恒无心，以百省之心为心"：圣人从没有私心，把百姓的心作为自己的心。无心，不存私心。百省，即百姓，"省"为"姓"之借字。

⑤德信：得到信任。德，通"得"。

【译文】

圣人从没有私心，把百姓的心作为自己的心。对于善良的人以善相待，对于不善的人也以善相引，于是就得到了"善"。对于守信的人以信相待，对于不守信的人也待之以诚，这样就得到了"信"。圣人治理天下，收敛自己的欲望，使天下人心归于纯朴。百姓对世俗事都投注耳目，有道的人使他们回到孩童一般的状态。

第五十章

【题解】

本章论述了老子的养生之道。老子把古往今来的人分成了四类，第一类是长寿的人，第二类是短寿的人，这两类人是自然的长寿、短寿，与是否善于养生无关，他们占了总人口的六成。第三类是因为不懂真正的养生而过早死亡的人，这类人过分厚待自己，贪生纵欲，无限度地追求享乐，表面上厚待生命，其实是戕害生命，他们占了三成。第四类人，老子没说，其实不言而喻，那便是真正善于养生的人。这类人只占一成，既表现了这类人的稀少，也表现了世人对真道的无知。

接着，老子举出具体的例子说明善养生的人，在陆地上行走不会遇到犀牛、老虎，在战场上不被武器伤害。这种类似寓言、神话式的表达，是符合"道"的生。善摄生者，外其身，与万物自然共生，也就是与犀牛老虎及兵戈者共生，于是犀牛无从动其角，老虎无从奋其爪，兵器无从加其身。

【原文】

甲本：□生□□□□□□有□□□徒十有三，而民生生，动皆之死地之十有三^①。夫何故也？以其生生^②也。盖□□执生者，陵行不□矢虎，入军不被甲兵。矢无所椯其角，虎无所昔其蚤^③，兵无所容□□□何故也？以其无死地焉。

乙本：□生入死。生之□□□□□之徒十又三，而民生生，僮皆之死地之十有三□何故也？以其生生。盖闻善执生者，陵行不辟㹇虎，入军不被兵革^④。无□□□□□□□□其蚤，兵□□□□□□□□也？以其无□□□。

河本：出生入死。生之徒十有三；死之徒十有三；人之生，动之死地十有三。夫何故？以其求生之厚。盖闻善摄生者，陆行不遇兕虎，入军不被甲兵；兕无投其角，虎无所措爪，兵无所容其刃，夫何故？以其无死地。

王本：出生入死。生之徒十有三，死之徒十有三，人之生动之死地，亦十有三。夫何故？以其生生之厚。盖闻善摄生者，陆行不遇兕虎，入军不被甲兵。兕无所投其角，虎无所措其爪，兵无所容其刃，夫何故？以其无死地。

【注释】

①动皆之死地之十有三：过于注重养生而趋于死地的一类人也有三成。动，勤于作为，此处意为过于注重养生。之，到……去。

②生生：过度求生。

③矢无所楇其角，虎无所昔其蚤：犀牛对其身无处投角，老虎对其身无处伸爪。矢，通"兕"，犀牛。楇，通"投"，动也。昔，通"措"。蚤，通"爪"。

④盖闻善执生者，陵行不辟累虎，入军不被兵革：听说善于养生的人，在陆地行走不会遇到犀牛、老虎，在战场上不会被兵刃伤害。执生，摄生、养生。陵行，在陆地上行走。辟，通"避"。累，通"兕"，犀牛。被，加，施及。

【译文】

人以出生为始，以死为终。长寿的一类人有三成，短寿的一类人有三成，过于注重养生而趋于死地的一类人也有三成。怎么会这样呢？因为他们过度养生。听说善于养生的人，在陆地行走不会遇到犀牛、老虎，在战场上不会被兵刃伤害。犀牛对其身无处投角，老虎对其身无处伸爪，武器对其身无处刺击锋刃。这是为何呢？因为他身上没有可以致死之处。

第五十一章

【题解】

本章讲述道的德性和功用。万物生长形成分为四个阶段，"道"为"万物之始"，创生万物，此所谓"道生之"；"道"滋养化育万物即为德，万物都依据这种内在的本性生长，此所谓"德畜之"；本性物化成形象，此所谓"物刑之"；物有各种样式，各样式藏其性而为其器，非有此性而不成此器，此所谓"器成之"。在这四个过程中，"生之""畜之""刑之""成之"都是"道"的功能作用，是"道"之德的具体表现。

老子认为，万物尊道贵德。但"道"的崇高地位并非"道"役使万物的结果，"道"化生、养育万物，不含有意识，也不带有目的性。因此，它不占有、不主宰万物，不自恃有功，完全是自然的，各物的成长活动也是完全自由的。这就是"道"的品德，无私无欲，至高至纯，称为"玄德"。

【原文】

甲本：道生之而德畜之^①，物刑之而器成之^②。是以万物尊道而贵□。□之尊，德之贵也，夫莫之爵，而恒自然也^③。道生之畜之，长之遂之，亭□□□□□。□□弗有也，为而弗寺也，长而弗宰也，此之谓玄德^④。

乙本：道生之，德畜之，物刑之而器成之。是以万物尊道而贵德。道之尊也，德之贵也，夫莫之爵也，而恒自然也。道生之畜之，□□□之，亭之毒之，养之复之^⑤。□□□□□□□□□□□□弗宰，是胃玄德。

河本：道生之，德畜之，物形之，势成之。是以万物莫不尊道而贵德。道之尊，德之贵，夫莫之命而常自然。故道生之，德畜之。长之育之，成之孰之，养之覆之。生而不有，为而不恃，长而不宰。是谓玄德。

王本：道生之，德畜之，物形之，势成之。是以万物莫不尊道而贵德。道之尊，德之贵，夫莫之命而常自然。故道生之，德畜之：长之、育之、亭之、毒之、养之、覆之。生而不有，为而不恃，长而不宰。是谓玄德。

【注释】

①道生之而德畜之：道产生万物而德养育万物。德，道的功能和作用。畜，畜养、养育。

②物刑之而器成之：万物长成各种形态，最终以器形完成自己。刑，通"形"，形体。器成之，指事物成为某种器具而存在。河本、王本作"势成之"。据"道、德、物、器"的顺序，"器"更合理。

③据帛书乙本补全为"道之尊也，德之贵也，夫莫之爵也，而恒自然也"：道被尊仰，德被推崇，不在于有什么爵位，而在于它恒常自然无为。莫之爵，没有人为它封爵。河本、王本作"莫之命"，也通，意为没有人如此命令。

④玄德：最高尚的品德。

⑤据帛书甲本补全为"道生之畜之，长之遂之，亭之毒之，养之复之"：道使万物得以产生，（德）使万物得以养育，道、德使万物成长发育，使万物顺利成熟，对万物加以抚养保护。遂，发育、培育。亭、毒，与"成""熟"音近相借，都是成熟之意。复，通"覆"，保护。

【译文】

道产生万物而德养育万物。万物长成各种形态，最终以器形完成自己。因此，万物以道为尊，以德为重。道被尊仰，德被推崇，不在于有什么爵位，而在于它恒常、自然无为。道使万物得以产生，（德）使万物得以养育，道、德使万物成长发育，使万物顺利成熟，对万物加以抚养保护。道生万物而不占有，养育万物而不自恃有功，引导万物而不主宰万物，这就是最高尚的品德了。

第五十二章

【题解】

本章再次重申"道"是万物的根源，用母子关系来比喻"道"与万物亲密的关系：万物不仅本于"道"、生于"道"，而且最终还要复归于"道"。用"母"来比喻"道"，与书中以"雌"和"玄牝"为喻一样，表现"道"化育、慈柔的德性。

老子阐明"道"和万物的关系意在劝导人们去追寻根源，复归于"道"，"见素抱朴"（第十九章）或"复归于朴"（第二十八章），其方法就是闭目塞听（"塞其闼"），阻断嗜欲的门径（"闭其门"）。肆意地放纵自我的欲望，终将迷失自我。关闭欲念之门，修身养性，不仅能够远离烦扰之事，内心也会变得清明睿智。"见小""守柔"实则就是遵守"道"的原则，这样做就会变得明达、强大。遵守、运用大道的智慧，应当敛其外耀之光（"用其光"）不事张扬，从而复其内烛之明。

【原文】

甲本：天下有始，以为天下母①。悬②得其母，以知其□；复守其母，没身不殆③。塞其闼，闭其门，终身不堇④。启其闷，济⑤其事，终身□□□小曰□，守柔曰强。用其光，复归其明。毋遗身央，是胃袭常⑥。

乙本：天下有始，以为天下母。既得其母，以知其子；既知其子，复守其母，没身不饴。塞其垸，闭其门，冬身不堇。启其垸，齐其□□□不棘。见小曰明，守□□强，用□□□□□□□遗身央，是胃□常。

河本：天下有始，以为天下母。既知其母，复知其子，既知其子，复守其母，没身不殆。塞其兑，闭其门，终生不勤。开其兑，济其事，终身不救。见小日明，守柔日强。用其光，复归其明，无遗身殃。是谓习常。

王本：天下有始，以为天下母。既得其母，以知其子；既知其子，复守其母，没身不殆。塞其兑，闭其门，终身不勤。开其兑，济其事，终身不救。见小日明，守柔日强。用其光，复归其明，无遗身殃，是为习常。

【注释】

①天下有始，以为天下母：世间万物都有起始，这个起始"道"是天地万物的根源。始，指道。母，根源。

②悶：作"既"。

③没身不殆：终身都不会遭遇危险。没身，终身。殆，危险，帛书乙本作"佁"，此为"殆"的通假字。

④塞其闷，闭其门，终身不堇：堵住欲念的孔穴，关闭欲念的门径，终身不受辛劳之苦。闷，通"兑"，窍穴，耳目鼻口是嗜欲的孔穴。王弼说："'兑'，事欲之所由生，'门'，事欲之所由从也。"堇，作"勤"，辛劳。

⑤济：作"济"，助成。

⑥是胃袭常：这就叫永续不绝的常道。胃，"谓"的省写。袭常，承袭常道。

【译文】

世间万物都有起始，这个起始"道"是天地万物的根源。知道万物的根源，就能认识万物，认识了万物又把握着根本，这样终身都不会遭遇危险。堵住欲念的孔穴，关闭欲念的门径，终身不受辛劳之苦。如果打开欲念的孔穴，就会增添享乐欲望，终身都不可救治。能够看到细微的，叫作"明"；能够守住柔弱的，叫作"强"。运用智慧的光，返照内在的明，这样就不会给自己带来灾难，这就叫永续不绝的常道。

第五十三章

【题解】

"道常无为"，老子认为以"道"治国就是要无为而治，任由民众自我化育、自我完善、自我管理、自我服务。统治者无为，民众自在自为，这就是按"道"的规律做事，是平坦的正路。

不明"道"的执政者追求浮华的生活，大肆搜刮民脂民膏，征调民工，结果田地荒芜，国库空虚，致使民不聊生。有不明"道"的君主，就有不明"道"的文武百官。他们"服文采""带利剑""（厌饮）食"，穷奢极侈，贪赃枉法。统治者显财富、施威风，哪里有道德可言？老子气愤地斥骂当时的统治者为"强盗头子"。

万物自然而平等，都有着统一的本质，即便是统治者也没有理由凌驾于人民之上，作威作福。但是，大多数统治者不以百姓的心为心，常为一己私利违背"自然之道"。老子对"云不足而奉又余"（第七十九章）的人世之道加以批判。在人民的艰辛与统治者的奢侈淫逸的对比中，显露了他内心的不平与同情。

【原文】

甲本：使我挈有知，□□大道，唯□□□□甚夷，民甚好解。朝甚除①，田甚芜，仓甚虚。服文采，带利□□□食，□□□□□□□□□□□□□。

乙本：使我介有知，行于大道，唯他是畏②。大道甚夷，民甚好懈③。朝甚除，田甚芜，仓甚虚。服文采，带利剑，猒食而资财□□。□□□，非□□□

河本：使我介然有知，行于大道，唯施是畏。大道甚夷，而民好径。朝甚除，田甚芜，仓甚虚；服文采，带利剑，厌饮食，财货有余；是谓盗夸。非道哉！

王本：使我介然有知，行于大道，唯施是畏。大道甚夷，而民好径。朝甚除，田甚芜，仓甚虚。服文采，带利剑，厌饮食，财货有余。是谓盗夸。非道也哉！

【注释】

①朝甚除：朝，朝政。除，废弛，败坏。

②使我介有知，行于大道，唯他是畏：假如有道的治者稍微有点知识，按照"道"的规律做事，那唯一害怕的就是走上邪路。介有知，稍有知识。我，指有道的治者。介，微，小。他，作"迆"，歧路、岔路的意思。王念孙说："迆，邪也。言行于大道之中，唯惧其入于邪道也。"

③大道甚夷，民甚好僻：大道虽然平坦，有人却喜欢走歪门邪道。夷，平坦。僻，作"径"，小道。

【译文】

假如有道的治者稍微有点知识，按照"道"的规律做事，那唯一害怕的就是走上邪路。大道虽然平坦，有人却喜欢走歪门邪道。朝政极其腐败，农田非常荒芜，国库十分空虚，而人君仍穿着华丽的衣服，佩带着锋利的宝剑，饱得不愿再吃，占有富余的财货，这就叫作"强盗头子"。这不是"道"啊！

第五十四章

【题解】

老子思想中蕴含着丰富的修身论。"道"独立于万物之外，又蕴含于万物之中，可以说修身就是修"道"。"道"在身称为"修身"，"道"不在身则称为"身不修"。本章论述了以道修身，进而普化天下。

文章开头"善建者（不）拔，（善抱者不脱），子孙以祭祀不绝"，实现"建"和"抱"（建立和抱持）都要对外物有所凭借，做到"不拔"和"不脱"（不可摇动和不会脱离），而"善建者"和"善抱者"所建立和持有的是"道"，一个人建德抱道，他所建立、持守的与大道一体，对外无所依持，怎么可能被拔除或脱落呢？这样的人，他的德行、子嗣都会绵延不绝。

老子强调以"道"修身，道的"德"就会彰显。以"道"修行自身，人的道德就会质朴纯真。一家、一乡、一国、天下都修之以"道"，道德就会有余、长久、丰厚、流布天下。无论是个体还是群体，都要以"道"为原则，让崇高的德行贯穿于自身、家、乡里、国与天下，使整个社会的风气自然纯朴。"观"是老子认识事物的方法，"以身观身"，意即以修德之身察验自己。"以家观家""以乡观乡"等，其义趣亦然。

【原文】

甲本：善建□□拔，□□□□□，子孙以祭祀□□□□□□□□□□□□□余。修之□□□□□□□□□□□□□□□□□□□□□□以身□身，以家观家，以乡观乡，以邦观邦①，以天□□□□□□□□□□□□。

乙本：善建者□□□□□□，子孙以祭祀不绝。修之身，其德乃真。修之家，其德有余。修之乡，其德乃长。修之国，其德乃夆②。修之天下，其德乃博③。以身观身，以家观□□□□国，以天下观天下。□□□□天下之然兹？以□。

河本：善建者不拔，善抱者不脱，子孙以祭祀不辍。修之于身，其德乃真；修之于家，其德乃余；修之于乡，其德乃长；修之于国，其德乃丰；修之于天下，其德乃普。故以身观身，以家观家，以乡观乡，以国观国，以天下观天下。何以知天下之然哉？以此。

王本：善建者不拔，善抱者不脱，子孙以祭祀不辍。修之于身，其德乃真。修之于家，其德乃余。修之于乡，其德乃长。修之于国，其德乃丰。修之于天下，其德乃普。故以身观身，以家观家，以乡观乡，以国观国，以天下观天下。吾何以知天下然哉？以此。

【注释】

①以邦观邦：以修德之国察看吾国。除帛书甲本用"邦"字外，其他版本用的都是"国"字，这是为了避汉高祖刘邦的名讳，这也表明帛书甲本是更早的版本。

②修之国，其德乃夆：修德于国家，一国的道德就会丰硕。夆，通"丰"，丰厚，盛大。

③博：作"普"，普遍。

【译文】

善于建立功业的人不会被轻易动摇，善于巩固事业的人不会失去他坚守的东西，他们的后代能够遵循这个道理，那么子子孙孙就会绵延不绝。修德于自身，他的道德就会真实纯正；修德于自家，一家的道德就会丰盈富余；修德于全乡，一乡的道德就会恒久不衰；修德于国家，一国的道德就会丰厚；修德于天下，天下的道德就会被广泛普及。所以，用修德之身来观察自身，以修德之家察看自家，以修德之乡察看自乡，以修德之国察看吾国，以修德之天下察看天下。我是怎么知道天下的情况的呢？就是通过以上的方法和道理。

第五十五章

【题解】

本章以"婴儿"来比喻厚德之人。老子常以婴儿来阐明自己的观点，如"专气致柔如婴儿乎"。老子主张贵柔、守弱，出生不久的婴儿尤其能够体现这一特点。婴儿天生柔弱，毒虫猛兽却不会伤害他，这与第五十章"善执生者，陵行不辟矢虎"相似。"赤子"即婴儿，是得道之人的象征，他们与"道"同一，因此外物不能伤害他们。

在老子看来，万物各得其和以生，"和"是万物存在的根本状态。通过婴儿的种种生理现象：筋骨柔弱却拳头紧握、不知男女交合却生殖器勃起、整日号哭却嗓子无损，表明婴儿内在的元气充足，精气和谐。如婴儿一般的得道之人不放纵自己，能够内敛元气，和谐精气，达到真正的生存之境——"和"。"益生"和"使气"都是勉力而为，向外而为，违背自然无为的原则，破坏"和"的常态。任性使气与人争胜，或可逞强于一时，但已是趋死之途。

【原文】

甲本：□□之厚□，比于赤子^①。逢㵁蜮地弗螫，攫鸟猛兽弗搏。骨弱筋柔而握固，未知牝牡□□□□□，精□至也。终日号而不嚘，和之至也。和曰常，知和曰明^②，益生曰祥^③，心使气曰强^④。□□即老，胃^⑤之不道，不道□□。

乙本：含德之厚者，比于赤子。蚑疠虿蛇弗赫^⑥，据鸟孟兽弗捕。骨筋弱柔而握固，未知牝牡之会而朘怒^⑦，精之至也。冬^⑧日号而不嚘，和□□□□□□常，知常曰明，益生□祥，心使气曰强。物□则老，胃之不道，不道蚤已^⑨。

河本：含德之厚，比于赤子。毒虫不螫，猛兽不据，攫鸟不搏。骨弱筋柔而握固，未知牝牡之合而朘作，精之至也。终日号而不哑，和之至也。知和曰常，知常曰明。益生曰祥，心使气曰强。物壮则老，谓之不道，不道早已。

王本：含德之厚，比于赤子。蜂虿虺蛇不螫，猛兽不据，攫鸟不搏。骨弱筋柔而握固，未知牝牡之合而全作，精之至也。终日号而不嗄，和之至也。知和曰常，知常曰明，益生曰祥，心使气曰强。物壮则老，谓之不道，不道早已。

【注释】

①赤子：初生婴儿。

②和曰常，知和曰明：淳和是常道，懂得常道才称得上明智。此二句河本、王本作"知和曰常，知常曰明"，可译为：懂得淳和是常道，懂得常道才称得上明智。都通，但帛书本似文理更通。

③益生曰祥：贪生纵欲会有灾殃。益生，犹言厚生，纵欲贪生。祥，妖祥，不祥。王弼注云："生不可益，益之则夭也。"

④心使气曰强：任性使气是逞强。使气，任性，放纵心气。强，强暴。王弼注云："心宜无有，使气则强。"

⑤胃："谓"的省写。

⑥蠆疠（lì）虿（chóng）蛇弗赫：蜂、蝎等毒虫不刺，毒蛇不咬。

⑦未知牝牡之会而朘（zuī）怒：不知道男女交合之事，但（婴儿）的生殖器会勃起。牝牡之会，男女交合。朘，男子的生殖器。怒，此处意为"勃起"。

⑧冬："终"的古字。

⑨不道蚤已：不合于道很快就会死亡。不道，不合于道。蚤已，蚤，通"早"，早早完结，引申为死亡。

【译文】

道德浑厚的人，就好像初生的婴孩。蜂、蝎等毒虫不刺，毒蛇不咬，凶鸟猛兽不抓他。他虽然筋骨柔弱，但握东西很牢固。他虽然不知道男女交合之事，但他的生殖器会勃起，这是精气旺盛的缘故。他终日放声大哭，嗓子却不会沙哑，这是元气淳和的缘故。淳和是常道，懂得常道才称得上明智；贪生纵欲会有灾殃，任性使气是逞强。万物一旦壮盛就会趋于衰老，这叫作不合于道，不合于道很快就会死亡。

第五十六章

【题解】

本章论述"玄同"的世界观。

老子认为，"道"的本性是"和"，人之道的本性也应该是"和"。人之道与天之道一致，便称作"玄同"。天地万物虽然品类多样，但其本质都是同一的。人容易从自我的感觉出发，只关注表象的世界，以自我的亲疏、利害、贵贱来判断是非善恶，导致人困在局限之中，出现各种矛盾纷争。因此，老子告诫人们不言默行。不言不是沉默不言，而是切实躬行"道"，即关闭欲望，不露锋芒，消除纷扰，与万物混同。

达到"玄同"之德的人，任万物而自然，不再有亲疏、利害、贵贱之别，不以众人所贵为贵。因此，"为天下贵"，因为重德贵道为天下至贵。

【原文】

甲本：□□弗言，言者弗知。塞其闷，闭其□□其光，同其，坐其锐，解其纷，是胃玄同①。故不可得而亲，亦不可得而疏；不可得而利，亦不可得而害；不可□而贵，亦不可得而浅；故为天下贵。

乙本：知者弗言，言者弗知。塞其兑，闭其门，和其光，同其尘，铔其兑而解其纷②，是胃玄同。故不可得而亲也，亦□□□而□□□□而利，□□□得而害；不可得而贵，亦不可得而贱，故为天下贵。

河本：知者不言，言者不知。塞其兑，闭其门，挫其锐，解其纷，和其光，同其尘，是谓玄同。故不可得而亲，亦不可得而疏；不可得而利，亦不可得而害；不可得而贵，亦不可得而贱。故为天下贵。

王本：知者不言，言者不知。塞其兑，闭其门，挫其锐，解其分，和其光，同其尘，是谓玄同。故不可得而亲，不可得而疏；不可得而利，不可得而害；不可得而贵，不可得而贱，故为天下贵。

【注释】

①玄同：微妙的混同，即道的境界。

②塞其兑，闭其门，和其光，同其尘，锉其兑而解其纷：堵住耳目鼻口，关闭嗜欲的门径，不露锋芒，消除纷扰，收敛光耀，混同尘俗。前一个"兑"，孔窍，指耳、目、口、鼻。锉，磨。后一个"兑"，同"锐"，锐利，锋芒。

【译文】

真正有智慧的人不会轻易表达，而轻易表达想法的人没有智慧。堵住耳目鼻口，关闭嗜欲的门径，不露锋芒，消除纷扰，收敛光耀，混同尘俗，这就叫作微妙的混同。因此，对于这样的人，没有人可以使他亲近，也没有人使他疏远；没有人可以使他得利，也没有人可以使他受害；没有人可以使他尊贵，也没有人可以使他卑贱。所以"玄同"的境界为天下人所重视。

第五十七章

【题解】

本章从正面论述了无为而治的治国思想，以及由此达到的理想社会图景，又从反面论述了统治者妄为带给百姓的种种祸端。

首先，老子提出了"以正之（治）邦"的政治思想。第三十九章云："侯（王得一）而以为（天下）正"，"一"即"道"。本章说"以正之邦"，即要求君王以"道"治国，因循自然，无为而治。"以无事取天下"也是要统治者不搅扰人民，无为而治。老子的理想是自然与社会的和谐，人道与天道的和谐。因此，他反对暴力战争，也反对"以畸用兵"，而且反对一切"奇"的事物。

君主治理国家如果采用不恰当的方式，只能导致事与愿违的结果。"何物兹章""天下多忌讳"是老子对烦琐苛刻的施政方式的批评。统治者过多地树立某种规范、主义、制度等，就会导致贫困者、投机倒把者增加。"多利器""多知"两句是老子对技术发展的批判。利器和心机智谋是社会生产发展、经验总结的表现，老子认为它们给人们长远的生存带来了损害。各种利器的出现和使用，在带来一定利益和便利的同时，也隐藏着失控和毁灭。有了利器，人也容易生出邪僻与急功近利之心，导致国家混乱，邪事邪物更加滋生。老子特别看重统治者的表率作用，倘若统治者能做到"无为""好静""无事""不欲"，那么百姓自然而化、自然而正、自然而富、自然而朴。这是老子推崇的理想社会。

【原文】

甲本：以正之邦①，以畸用兵②，以无事取天下③。吾何□□□□也哉？夫天下□□□，而民弥贫。民多利器，而邦家兹昬④。人多知⑤，而何物兹□□

□□□□盗贼□□□□□□□□□□□□：我无为也而民自化，我好静而民自正^⑥，我无事民□□□□□□□□□□。

乙本：以正之国，以畸用兵，以无事取天下。吾何以知其然也才？夫天下多忌讳，而民弥贫。民多利器，□□□昬。□□□□□□□□□物兹章，而盗贼□□是以□人之言曰：我无为而民自化，我好静而民自正，我无事而民自富，我欲不欲而民自朴。

河本：以正治国，以奇用兵，以无事取天下。吾何以知其然哉？以此。天下多忌讳，而民弥贫；民多利器，国家滋昏；人多技巧，奇物滋起；法令滋彰，盗贼多有。故圣人云：我无为而民自化，我好静而民自正，我无事而民自富，我无欲而民自朴。

王本：以正治国，以奇用兵，以无事取天下。吾何以知其然哉？以此：天下多忌讳，而民弥贫；民多利器，国家滋昏；人多伎巧，奇物滋起。法令滋彰，盗贼多有。故圣人云：我无为而民自化，我好静而民自正，我无事而民自富，我无欲而民自朴。

【注释】

①以正之邦：以中正之道治理国家。正，中正之道。之，通"治"。

②以畸用兵：以奇诡之术用兵作战。畸，通"奇"，指智术、权谋、诡诈。

③以无事取天下：以无为之道取得天下。无事，即"无为"。缪尔纾说："正，谓法制禁令，仅可施于治国。奇，谓权谋诡诈，仅可施于用兵。惟无为而治，乃可以治天下。"

④民多利器，而邦家兹昬：百姓的锋利武器越多，国家就会越混乱。兹，通"滋"，更加，越发。昬，通"昏"，混乱。

⑤知：通"智"，智谋，指心机智谋。

⑥我无为也而民自化，我好静而民自正：只要我们的统治者不去人为干涉，百姓就会自然而然地发展生产；只要我们的统治者做到内心清静，百姓就会自然而然地变得品行端正。自化，自我化育发展。自正，自我端正品行。

【译文】

　　以中正之道治理国家，以奇诡之术用兵作战，以无为之道取得天下。我怎么知道这种道理呢？根据就在于：天下的禁忌越多，老百姓就会越贫穷；百姓的锋利武器越多，国家就会越混乱；人们的心机智谋越多，邪恶的事情就会越多；法令越严苛，盗贼就会越多。所以圣人说："只要我们的统治者不去人为干涉，百姓就会自然而然地发展生产；只要我们的统治者做到内心清静，百姓就会自然而然地变得品行端正；只要我们的统治者不去多事，百姓就会自然而然地变得富足；只要我们的统治者做到不贪婪多欲，百姓就会自然而然地变得纯朴。"

第五十八章

【题解】

本章由政治的得失引出福祸相依、事物对立转化的道理，并在最后提出理想的处事、治国哲学。

政治宽厚清明，反而达到了人心笃厚的效果；政治面面俱到，精虑苛察，反而导致百姓狡诈，世风凉薄。接着引出事物正反互相转化的辩证思想。福祸相依表明事物包含正反两方面，从正面走向反面，从反面走向正面都是有可能的。老子阐明事物对立转换的道理也在告诫人们不要一味只追求"福"或正面情况的扩大，也不应该试图消灭"祸"或反面情况。事物向相反的方向转变有一个过程，当事物发展到自身生命的顶点，也就是"极"的时候，就要开始衰败。"（人）之迷也，其日固久"，老子感叹人们看不到事物变化的规律，迷失在表面的现象中。

最后一句提出圣人的德性，圣人是老子理想的践行者，也是君主应当效仿的榜样。为了避免事物走向反面，圣人虽然有"方""兼""直""光"等美好的德性，却懂得适可而止、含蓄收敛，故能"方而不割，兼而不刺，直而不绁，光而不眺"。

【原文】

甲本：□□□□□□□□。其正察察①，其邦夬夬②。祸，福之所倚；福，祸之所伏③□□□□□□□□□□□□□□□□□□□□□□□□□□□□□□□□□□□□□□。

乙本：其政闵闵④，其民屯屯⑤。其正察察，其□□□□□□□□□□所伏。孰知其极？□无正也，正□□□，善复为□□之迷也，其日固久矣。是以方而不割⑥，兼而不刺⑦，直而不绁⑧，光而不眺⑨。

河本：其政闷闷，其民淳淳；其政察察，其民缺缺。祸兮福之所倚，福兮祸之所伏。孰知其极？其无正。正复为奇，善复为妖。人之迷，其日固久。是以圣人方而不割，廉而不刿，直而不肆，光而不曜。

王本：其政闷闷，其民淳淳。其政察察，其民缺缺。祸兮福之所倚，福兮祸之所伏，孰知其极？其无正，正复为奇，善复为妖，人之迷，其日固久。是以圣人方而不割，廉而不刿，直而不肆，光而不耀。

【注释】

①其正察察：国家政治严苛。正，通"政"。察察，指统治者对民众的过度监察、苛察。林希逸说："察察者，烦碎也。"

②其邦夬夬：民众就狡黠。邦，"民"字之误。夬夬，狡猾。

③祸，福之所倚；福，祸之所伏：祸啊，是福所依凭的东西；福啊，是祸所隐藏的地方。倚，依靠，依凭。伏，隐藏。

④阋阋：作"闷闷"，昏昏昧昧，含宽厚的意思。

⑤屯屯：作"淳淳"，淳厚、朴实。

⑥方而不割：方正却不为难人。方，方正。割，割伤，引申为"为难"。

⑦兼而不刺：有棱角而不伤害人。兼，通"廉"，棱角，可引申为锋利。刺，与王本的"刿"音义相近，刺伤。

⑧直而不绁：率直却不放纵。绁，通"肆"，放纵、纵恣。

⑨光而不眺：光亮而不耀眼。眺，通"耀"，与河本的"曜"、王本的"耀"字义同，炫目。

【译文】

国家政治宽厚，人民就淳厚；国家政治严苛，民众就狡黠。祸啊，是福所依凭的东西；福啊，是祸所隐藏的地方。谁知道究竟是灾祸还是幸福呢？并没有确定的标准。正又变为邪，善又变为恶。人们的迷惑啊，时日已经很久了。所以圣人方正而不为难人，有棱角而不伤害人，率直而不放纵，光亮而不耀眼。

第五十九章

【题解】

本章的主旨意在讲"啬"。

"啬"是吝啬之意，在这里其意与"三宝"之中的"俭"相通，即收敛、节制之意。"治人事天莫若啬"，"治人"指对民众的治理；"事天"指治人者修行自身的禀赋天性。老子认为若将"啬"作为个人、社会、国家行动处事的原则，必能取得巨大的功用。

为什么"啬"如此重要呢？因为"啬"最终将人引向自然，回归大道。"啬"能够让人对外收敛、对内积蓄，依"道"而行。日益得"道"就意味着日益回归"为（之而）而无以为"（第三十八章）之"上德"，也是"（生而）弗有也，为而弗寺也，长而弗宰也"（第五十一章）之"玄德"，这就是"蚤服是胃重积（德）"。通过"啬"，治人者得以服道复德，顺应内在自然的本性，收敛妄为，那就能达到"无（为而无不为）"（第四十八章），即"（无不克）"。

服道就是"复归于朴"（第二十八章），"朴"代表最初自然的状态，也包含了无限的可能性，所以说"莫知其（极）"。治人者采用合"道"的治理方式，就是把握住了治理之本，如此可以"有国"且长久。除了对民众的治理，治人者以"啬"修行自身的天性，与第二十九章所说的"去甚，去大，去楮"相通，就可以"长生久视"。

因此，"啬"既让统治者知道最好的治理方式，也让统治者知道最好的修身之道。

【原文】

甲本：□□□，可以有国。有国之母^①，可以长久。是胃深壂固氐^②，□□□□□道也。

乙本：治人事天莫若嗇^③，夫唯嗇，是以蚤服^④，蚤服是胃重积□。重积□□□□□□□莫知其□。莫知其□□□有国。有国之母，可□□□。是胃□根固氐，长生久视^⑤之道也。

河本：治人，事天，莫若嗇。夫唯嗇，是谓早服；早服谓之重积德；重积德则无不剋，无不剋则莫知其极；莫知其极，可以有国；有国之母可以长久；是谓深根固蒂长生久视之道。

王本：治人事天莫若嗇，夫唯嗇，是谓早服，早服谓之重积德。重积德则无不克，无不克则莫知其极。莫知其极，可以有国。有国之母，可以长久。是谓深根固柢、长生久视之道。

【注释】

①有国之母：掌握治国的根本。母，指根本。

②是胃深壂固氐：这就是根深蒂固。胃，即"谓"。壂，"根"字别写，树根向四周伸展叫根。氐，"柢"的省写，树根向下扎叫"柢"，意思是牢固。

③治人事天莫若嗇：治理国家、养护身心，没有比爱惜精力更重要的。治人，治理人民。天，一作"天道、自然"；一作"修身、治身"。嗇，爱惜，保养。《韩非子·解老》："书之所谓'治人'者，适动静之节，省思虑之费也。所谓'事天'者，不极聪明之力，不尽智识之任……嗇之者，爱其精神，嗇其智识也。"

④蚤服：早早服从于道。

⑤久视：视，活。与"长生"同义。

【译文】

治理国家、养护身心，没有比爱惜精力更重要的。爱惜精力，就是早早服从于道；早早服从于道，就是不断地积德；不断地积德，就没有什么不能胜任；没有什么不能胜任，就无法估量一个人的终极实力；具备了这种无法估量的终极实力，就可以治理好国家。掌握治国的根本，就可以长久维持。这就是根深蒂固、永世长存的办法。

第六十章

【题解】

本章强调自然无为的治理方法。

"治大国若亨小鲜"是《道德经》中极为经典的一句，也被许多政治家所引用。老子以烹调比喻治国，烹鱼的过程就是道法自然的过程。

首先，要顺鱼之性，不可以随意搅动。鱼质柔弱，经不起搅动；治国同样如此，人民众多，国情复杂，经不起朝令夕改，政令繁苛。

其次，烹鱼在于使之保持本味，治国在于引导百姓复归本性。因此，治国就是遵循"道"的法则治理天下，"辅万物之自然"（第六十四章），统治者把自己放在"辅"的位置，不主宰、不号令、不役使百姓。

以"道"治理天下，鬼神也不起作用了，这并不是鬼神不起作用，而是鬼神不干扰人事，圣人也不干扰人事，百姓即可安享太平。老子在此处没有否定鬼神的存在，但鬼神居于非常次要的地位，而且在"道"的作用下，鬼神失去了作用。统治者只要遵循"道"无为而治，就可以使国内太平，"长生久视"（第五十九章），就不再需要传统意义上天命鬼神的启示。

【原文】

甲本：□□□□□□□□□□天下，其鬼不神。非其鬼不神也，其神不伤人也①。非其神不伤人也，圣人亦弗伤□。□□不相□□德交②归焉。

乙本：治大国若亨小鲜③，以道立④天下，其鬼不神。非其鬼不神也，其神不伤人也。非其神不伤人也，□□□弗伤也。夫两□相伤，故德交归焉。

河本：治大国若烹小鲜。以道莅天下，其鬼不神；非其鬼不神，其神不伤人；非其神不伤人，圣人亦不伤。夫两不相伤，故德交归焉。

王本：治大国若烹小鲜，以道莅天下，其鬼不神。非其鬼不神，其神不伤人。非其神不伤人，圣人亦不伤人。夫两不相伤，故德交归焉。

【注释】

①非其鬼不神也，其神不伤人也：不是鬼神不再灵验，而是鬼神不再扰攘民众。鬼，泛指鬼神。第一个"神"，用作动词，显灵。伤，伤害，这里指扰攘、烦扰。

②交：俱、共。

③治大国若亨小鲜：治理大国，就像煎烹一条小鱼。亨，古"烹"字。鲜，鱼。

④立：通"莅"，治理。

【译文】

治理大国，就像煎烹一条小鱼。用"道"治理天下，鬼神就不再起作用；并不是鬼神不再起作用，而是鬼神不再扰攘民众。不但鬼神不再扰攘民众，圣人也不会烦扰民众。鬼神和有道的圣人都不干扰民众，就可以让民众都享受到德的恩泽了。

第六十一章

【题解】

本章以雌雄关系来表明大国与小国之间的外交原则。周初分封八百多个诸侯国，各诸侯国之间兼并征战，到春秋中叶，仅存十几个诸侯国。国与国之间恃强凌弱，以大欺小的情况时有发生。老子不满诸侯国间这种行为，对此提出批评和建议。

本章第一句就把一个大国应该怎样作为表明出来，"大邦者，下流也"，一个大国应当位于江河的下流，也就是秉持谦卑、尊重、包容的外交理念，这样才能海纳百川，吸引小国来归附。老子把大国比喻为众邦之母（天下之牝），引出像雌性一样柔弱谦卑的意义在于"牝恒以静胜牡"。雌性在交配时表面上是被动、位于下位的，没有自我坚持、没有目的，但她常常扮演着引导的角色，能以静制动，且孕育生命，由"一"到"多"。老子以"牝"表明大国应当有处下、柔弱、安静的德行。

大国对待小国谦卑、礼让、包容，就可以汇聚团结小国；小国对大国谦卑、尊重，就可以被大国接纳。老子主张处理国与国之间的关系时，反对武力征服，而是从各自的立场出发，使两者都保持平等、独立、自主，同时双向互惠。

【原文】

甲本：大邦者，下流①也，天下之牝②。天下之郊也，牝恒以靓胜牡③。为其靓□□宜为下。大邦□下小□，则取小邦；小邦以下大邦，则取于大邦④。故或下以取，或下而取⑤。□大邦者，不过欲兼畜人⑥；小邦者，不过欲入事人⑦。夫皆得其欲□□□为下。

乙本：大国□□□□□□□牝也。天下之交也，牝恒以静朕^⑧牡。为其静也，故宜为下也。故大国以下□国，则取小国；小国以下大国，则取于大国。故或下□□□下而取。故大国者，不□欲并畜人；小国，不过欲入事人。夫□□其欲，则大者宜为下。

河本：大国者下流，天下之交，天下之牝^⑨。牝常以静胜牡，以静为下。故大国以下小国，则取小国；小国以下大国，则取大国。或下以取，或下而取。大国不过欲兼畜人，小国不过欲入事人。夫两者各得其所欲，大者宜为下。

王本：大国者下流，天下之交，天下之牝。牝常以静胜牡，以静为下。故大国以下小国，则取小国；小国以下大国，则取大国。故或下以取，或下而取。大国不过欲兼畜人，小国不过欲入事人。夫两者各得其所欲，大者宜为下。

【注释】

①下流：江河的下游。王弼注云："江海居大而处下，则百川流之；大国居大而处下，则天下流之，故曰'大国者，下流也'。"

②天下之牝：天下的雌性。牝，雌性动物总称。这里把大国比作雌性。老子认为，大国若能自谦居下，可以为"天下之牝"。老子以"牝"为天下的根本。

③天下之郊也，牝恒以靓胜牡：天下雌雄交合，雌性常以安静守定而胜过雄性。郊，同"交"，指交合、交配。靓，作"静"。

④小邦以下大邦，则取于大邦：小国用谦下的态度对待大国，就可以为大国所容。以，用。下，谦下。

⑤故或下以取，或下而取：所以，或者大国谦下而取得小国拥护，或者小国谦下见容于大国。以取，取得，表示主动。而取，被取得，表示被动。

⑥兼畜人：兼并占有。此处指大国得到小国的拥戴。

⑦入事人：被接纳，此处指小国取得大国的容纳和保护。

⑧朕："胜"的借字。

⑨河本、王本"天下之郊（交），天下之牝"与帛书本语序相反，帛书本

句意更贯通且含义更清楚。

【译文】

一个大国，当如江河的下游，当如天下的雌性。天下雌雄交合，雌性常以安静守定而胜过雄性，这是因为她性静，常居于柔下。因此，大国用谦下的态度对待小国，就可以取得小国的拥护；小国用谦下的态度对待大国，就可以为大国所容。所以，或者大国谦下而取得小国拥护，或者小国谦下见容于大国。这样大国小国都可以达到目的，大国尤其应该谦下。

第六十二章

【题解】

　　本章表明了"道"的可贵，劝导人们修身守"道"。老子所说的"道"，并没有人格，无爱无恨，不弃不失，看待天下万物全然没有分别，但它作为万物的本原，善和不善的人都离不开它。这里的"善"与"不善"并不是指善恶，其分别在于是否能够依循内在的"道"而行。"道"具有养育、庇护、救助万物的精神，不随意抛弃任何一个人，始终起到辅助、引导的作用。因此，"人之不善也，何（弃之）有"。而且，对"道"来说，不善之人依然是有用的，正如第二十七章云："不善人，善人之资也。"

　　老子认为，人民的统治者应当以"自然无为"的方式"体道"，并在"道"的指引下"无为""好静""无事""不欲"（第五十七章），以此使百姓"自化""自正""自富""自朴"（第五十七章）。

　　然而在现实中，人们进献给统治者的都是拱璧、驷马，不知道应该给统治者进献真正的大道。大道尊贵，就在于依循它就能有求的必有所得，还能免除遭受祸殃之罪。老子所讲的"道"并不在远处，它已在万物之内，成为万物的自然本性。因此，"道"是可以"求以得"的。本章所说的"罪以免"的"罪"，不是指罪恶，而是指祸殃。

【原文】

　　甲本：□者万物之注①也，善人之葆②也，不善人之所葆也。美言可以市，尊行可以贺人③。人之不善也，何□□有。故立天子，置三卿④，虽有共之璧以先四马⑤，不善坐⑥而进此。古之所以贵此者何也？不胃□□得，有罪以免舆！故为天下贵。

乙本：道者万物之注也，善人之葆也，不善人之所葆也。美言可以市，尊行可以贺人。人之不善，何□□□。□立天子，置三乡⑦，虽有□□璧以先四马，不若坐而进此。古□□□□□□□□不胃求以得，有罪以免与⑧？故为天下贵。

河本：道者万物之奥。善人之宝，不善人之所保。美言可以市，尊行可以加人。人之不善，何弃之有？故立天子，置三公，虽有拱璧以先驷马，不如坐进此道。古之所以贵此道者，何不日以求得？有罪以免耶，故为天下贵。

王本：道者万物之奥，善人之宝，不善人之所保。美言可以市尊，尊行可以加人。人之不善，何弃之有。故立天子，置三公，虽有拱璧以先驷马，不如坐进此道。古之所以贵此道者何？不日以求得，有罪以免邪！故为天下贵。

【注释】

①注：通“主”，根本。

②葆：“宝”的异体字，珍宝。

③美言可以市，尊行可以贺人：美好的言辞可以用来社交，可贵的行为可以影响他人。市，指交易的行为。贺，通“加”，两字古同音，施加，引申为施加影响。

④三卿：即三公，周以太师、太傅、太保为三公。

⑤共之璧以先四马：先以拱璧后以驷马相奉。四马，即“驷马”。共，通“拱”，拱抱。共之璧，双手拱抱一种中间有孔的圆形玉。这是古代一种献奉的礼仪。

⑥坐：双膝跪席，臀部压于脚跟，表示庄重的姿势。

⑦乡：与“卿”形近，为“卿”之误。

⑧不胃求以得，有罪以免与：不就是依循大道有求的必有所得，有祸殃的也可以免除吗？胃，通“为”，是。罪，罪过，这里指祸殃。

【译文】

道是万物的根本，是善人所珍重的，也是不善的人得以安身保命的东西。美好的言辞可以用来社交，可贵的行为可以影响他人。人即使不善，道又怎么会抛弃他呢？所以拥立天子，设置三公，（对他们）先以拱璧后以驷马相奉，还不如庄重地进献此道。古时所以崇尚此道是为什么呢？不就是依循大道有求的必有所得，有祸殃的也可以免除吗？所以道为天下人所珍视。

第六十三章

【题解】

　　"无为"本是"道"的表现，"道"没有主观的意志、目的，顺万物之性，因此"无为"。同时，"道"正是没有主观目的、意志，所以创生万物，成就万物，因此"无不为"。本章开头"为无为"就是要效法"道"之无为，才能成就真正的作为。如同下文所说圣人"冬不为大"，就能"（成其大）"。"事无事""味无未"亦是对"为无为"的延伸。

　　"大小，多少，报怨以德"有多种解释。高亨说："大小者，大其小也，小而以为大也。多少者，多其少也，少而以为多也。视星星之火，谓将燎原；睹涓涓之水，云将浮邑。即谨小慎微之意。"或谓"不管怨大怨小，怨多怨少，一律以恩德以报"。两种解释皆可。"报怨以德"的思想与老子的整个思想体系是一贯的。

　　"道"是不偏向的，对万物一视同仁。"道"之"德"，也就是圣人之德，生而不有，为而不恃，是善人之宝，也是不善人之所保，所以，"报怨以德"是"道"自然的本性所为。对人事来说，"报怨以德"也具有积极意义，它有利于化解矛盾、平息冲突，展现出一种超越的智慧与宽容的精神。需要辨析的是，"报怨以德"不是任人欺负的无奈之举，更不是毫无作为，而是高度自信、心怀仁爱的主动实行的原则。

　　天下的难事总是由易开始，天下大事总是由小变大，因此，想要成就一番事业，要着眼于"易"与"细"之处。但是过于"易"，"多易必多难"，事物又会向相反的方向发展，遭遇更大的困难。所以圣人总把事情看得困难，因此终究不陷于困难。圣人终不为大，是无为；犹难之，亦是无为，但这种无为不是没有作为，而是一直在顺应事物发展的规律，以至于能成其大、终无难，这就是"为无为"。

【原文】

甲本：为无为，事无事，味无未①，大小，多少②，报怨以德。图难③乎□□□□□□□□□，天下之难作④于易，天下之大作于细，是以圣人冬⑤不为大，故能□□□□□□□□□□□□必多难，是□□人犹难之，故终于无难。

乙本：为无为，□□□□□□□□□□□□□□□□□□□□□□乎其细也。天下之□□□易，天下之大□□□□□□□□□□□□□□□夫轻若□□信，多易必多难，是以人□□之，故□□□□。

河本：为无为，事无事，味无味。大小，多少，报怨以德。图难于其易，为大于其细。天下难事必作于易，天下大事必作于细，是以圣人终不为大，故能成其大。夫轻诺必寡信，多易必多难，是以圣人犹难之，故终无难。

王本：为无为，事无事，味无味。大小，多少，报怨以德。图难于其易，为大于其细。天下难事必作于易，天下大事必作于细，是以圣人终不为大，故能成其大。夫轻诺必寡信，多易必多难，是以圣人犹难之，故终无难矣。

【注释】

①为无为，事无事，味无未：以无为的态度去有所作为，以不搅扰的方法去处理事务，以恬淡无味当作有味。未，"味"之借字。

②大小，多少：各家解说不一。司马光解释为："视小若大，视少若多。"与前后文义相通。

③图难：处理难事。

④作：兴起。

⑤冬："终"的古字。

【译文】

以无为的态度去有所作为，以不搅扰的方法去处理事务，以恬淡无味当作有味。视小若大，视少若多，以恩德来报答仇怨。处理难事须从易处入手，实现远大目标须从细处入手。天下之难兴起于易，天下之大发端于细。所以圣人始终不贪图大贡献，反而能成就大事。轻易许诺者信用不足，总把事情看得过于容易者必定遭遇困难。所以圣人总把事情看得困难，因而终究不陷于困难。

第六十四章

【题解】

本章开始接续上一章，继续说明事物在发展之初容易把握和处理，因此
"（为之于未有，治之于未乱）"，要把握事物发展变化的规律和先机，做到未
雨绸缪。

接着老子用人们熟悉的事物来作比喻，用"（合抱之）木，生于毫末。九
成之台，作于藁土。百千之高，始于足下"指出起始、积累的重要性。这几
句与上一章的"图难乎（其易），（为大）乎其细"相通。顺应事物由小到大，
由微到显的自然过程，"为无为"（第六十三章），如此便能对于负面的事物治
之于未乱，对于正面的事物成其大。

然而，世间的祸患莫过于人执着于"为"，因而常常失败、受损。唯圣人
可以做到因任自然无所施为、无所执着。"学不学""欲不欲""弗敢为"都是
圣人无为的表现，但无为不是圣人的目的，而是达到目的的方法。

在老子看来，圣人之所以无为，是因为万物能够自然而为，而圣人所要做
的就是成为一个辅助者、引导者，引导万物复归自然。

【原文】

甲本：其安也，易持也①。□□□□□□□□□□□□□□□□□□□□□□
□□□□□□□□□□□□□□□□□□毫末。九成之台，作于蕢土②。百
仁③之高，台于足□□□□□□□□□□也，□无败□；无执也，故
无失也④。民之从事也，恒于其成事而败之⑤，故慎终若始，则□□□□□□
□□欲不欲，而不贵难得之朒⑥；学不学，而复众人之所过⑦；能辅万物之自
□□弗敢为。

乙本：□□木，生于毫末。九成之台，作于虆土。百千之高，始于足下。为之者败之，执者失之。是以圣人无为□□□□□□□□□□□□民之从事也，恒于其成而败之，故曰：慎冬若始，则无败事矣。是以圣人欲不欲，而不贵难得之货；学不学，复众人之所过；能辅万物之自然，而弗敢为[8]。

　　河本：其安易持，其未兆易谋。其脆易破，其微易散。为之于未有，治之于未乱。合抱之木，生于毫末；九层之台，起于累土；千里之行，始于足下。为者败之，执者失之。圣人无为故无败，无执故无失。民之从事，常于几成而败之。慎终如始，则无败事。是以圣人欲不欲，不贵难得之货；学不学，复众人之所过。以辅万物之自然，而不敢为。

　　王本：其安易持，其未兆易谋，其脆易泮，其微易散，为之于未有，治之于未乱。合抱之木，生于毫末。九层之台，起于累土。千里之行，始于足下。为者败之，执者失之。是以圣人无为，故无败；无执，故无失。民之从事，常于几成而败之。慎终如始，则无败事。是以圣人欲不欲，不贵难得之货；学不学，复众人之所过；以辅万物之自然，而不敢为。

【注释】

　　①其安也，易持也：局面稳定时，容易维持原状。安，安稳。持，维持。

　　②九成之台，作于虆土：九层的高台，是由一筐一筐的土堆砌起来的。成，重，层。虆，同"蕢"，盛土的筐。

　　③仁：通"仞"，帛书乙本误写成"千"。一仞，周制八尺，汉制七尺。

　　④无执也，故无失也：无所执着，所以也不遭受损失。执，执着，执念。

　　⑤民之从事也，恒于其成事而败之：人们做事，常常在即将成功时失败。其，通"几"，几乎，将要。

　　⑥朒：作"货"。

　　⑦学不学，而复众人之所过：学一般人所不愿学的，并以此来纠正众人的过错。复，反复，扭转。过，过错。

　　⑧能辅万物之自然，而弗敢为：顺应万物的自然天性去帮助它成长，而不

敢按照个人意志强加干预。辅，辅助。为，人为干预。

【译文】

局面稳定时，容易维持原状；国家还没有出现动乱苗头时，容易控制。事物在脆弱时，容易破灭；事物在微小时，容易消散；坏事要在它尚未成形以前，处理妥当；国家要在祸乱没有产生以前，早做治理。合抱的大树，是从细小的萌芽成长起来的；九层的高台，是由一筐一筐的土堆砌起来的；千里远的路程，是从迈开脚下第一步开始的。强作妄为就会招致失败，执意把持就会失去所有。圣人不妄为，所以不会招致失败；无所执着，所以也不会遭受损失。人们做事，常常在即将成功时失败。所以，当事情快要结束时，也要像开始时那样小心谨慎，这样就不会让事情失败。因此，圣人追求人所不追求的，不看重贵重难得的物品，学一般人所不愿学的，并以此来纠正众人的过错。圣人顺应万物的自然天性去帮助它成长，而不会按照个人意志强加干预。

第六十五章

【题解】

老子所谓的"非以明民也，将以愚之也"不是抛弃文化，使百姓变得愚昧，而是欲使其纯朴。老子不仅希望百姓"愚"，更是要求统治者首先以身作则，有"愚人之心"，以不智治国。

在老子看来，"愚"是自我修养的理想境界。君主和百姓都不取智谋，坦诚相待，见素抱朴，但是"云不足而奉又余"（第七十九章）的人之道认为这是"愚"。老子不仅称赞这种"愚"，而且以此自诩。

"愚"一方面有纯朴守真的含义，另一方面有"大智"的含义。除去智谋，就是第十九章所云的"绝声弃知""绝仁弃义""绝巧弃利"，能做到这样，就是效法"道"，是国之德，如此就能"民利百倍""民复孝兹""盗贼无有"（第十九章），是国家之福。如此治理国家乃是向着自然或本然"朴"回归，最终实现天下大治。

【原文】

甲本：故曰：为道者非以明民^①也，将以愚之^②也。民之难□□□知也。故以知知邦，邦之贼^③也；以不知知邦，□□德也。恒知此两者，亦稽式^④也；恒知稽式，此胃玄德。玄德深矣，远矣，与物□矣，乃至大顺^⑤。

乙本：古之为道者，非以明□□□□□之也。夫民之难治也，以其知也^⑥。故以知知国，国之贼也；以不知知国，国之德也。恒知此两者，亦稽式也；恒知稽式，是胃玄德。玄德深矣，远矣，□物反也，乃至大顺。

河本：古之善为道者，非以明民，将以愚之。民之难治，以其智多。以智治国，国之贼；不以智治国，国之福。知此两者亦楷式。常知楷式，是谓玄德。玄德深矣，远矣，与物反矣，乃至大顺。

王本：古之善为道者，非以明民，将以愚之。民之难治，以其智多。故以智治国，国之贼；不以智治国，国之福。知此两者，亦稽式；常知稽式，是谓玄德。玄德深矣，远矣，与物反矣，然后乃至大顺。

【注释】

①明民：使民众聪明，意译为使民众变得富有心机。

②愚之：这里指使之敦厚纯朴的意思。王弼注云："明，谓多智巧诈，蔽其朴也。愚，谓无知守真，顺自然也。"

③贼：祸害。

④稽式：法式，法则。

⑤大顺：太平之治。

⑥夫民之难治也，以其知也：民众之所以难治理，是因为他们使用太多的智谋心机。知，作"智"，智谋心机。

【译文】

从前善于行道的人，不是使民众变得富有心机，而是使民众变得憨厚纯朴。民众之所以难治理，是因为他们使用太多的智谋心机。所以说君主用智谋去治理国家，是国家的灾祸；不用智谋去治理国家，是国家的福气。认识这两种差别，就是治国的法则。常守这个法则，就是"玄德"，"玄德"好深好远啊，同万物一起复归到真朴，然后就能达到太平之治。

第六十六章

【题解】

本章论述了老子"不争"的思想。

江海能纳百川,是因为甘于处下;圣人能治理天下,管理万民,也是因为甘于处下居后。老子这种以反求正、不争而胜的思想被很多人认为是权术,是用表面上的不争来达到争的目的,是一种以退为进的策略。这并非老子思想的本意。

"不以其无争与,故(天)下莫能与争"是通过老子的哲学思想必然得出的结论。圣人效法"天道","天道"没有私利之心,因此成就万物,且永恒存在。"道"这样做没有目的,它只是一直处于无为、不争的状态,而其结果是自然而然的客观必然。这个过程中没有目的、私利,是自然的结果。圣人效法天道,以百姓之心为心,谦退无争,无论是"居上"还是"居前",对百姓来说都没有负担和危害,如此百姓才会信服并乐于拥戴他。圣人的地位不是自己"争"来的,而是其谦下、先人后己,自然而然得到了"居上""居前"的地位。圣人从来没有"争"的心,"(天)下莫能与争"是自然的结果。

【原文】

甲本:□海之所以能为百浴王者①,以其善下②之,是以能为百浴王。是以圣人之欲上民③也,必以其言下之;其欲先□□必以其身后之。故居前而民弗害也,居上而民弗重④也。天下乐隼而弗猒也。非以其无静⑤与,□□□□□□静。

乙本:江海所以能为百浴□□□其□下之也,是以能为百浴王。是以圣人之欲上民也,必以其言下之;其欲先民⑥也,必以其身后之。故居上而民弗重也，居前而民弗害。天下皆乐谁而弗猒也⑦。不以其无争与⑧，故□下莫能与争。

河本：江海所以能为百谷王者，以其善下之，故能为百谷王。是以圣人欲上民，必以言下之。欲先民，必以身后之。是以圣人处上而民不重，处前而民不害。是以天下乐推而不厌。以其不争，故天下莫能与之争。

王本：江海所以能为百谷王者，以其善下之，故能为百谷王。是以欲上民，必以言下之；欲先民，必以身后之。是以圣人处上而民不重，处前而民不害。是以天下乐推而不厌。以其不争，故天下莫能与之争。

【注释】

①（江）海之所以能为百浴王者：江海之所以能够成为百川归往之处。百浴，百谷；浴，同"谷"。王，一作"归往"解，一作"首领""老大"解，都通。

②下：处低下之地。

③上民：居上以治理民众。

④重：压力、负担。

⑤静：通"争"，竞争、相争。

⑥先民：居前以领导民众。

⑦天下皆乐谁而弗猒（yàn）也：天下的百姓都乐意拥戴他而不会厌弃他。谁，通"推"，推崇，拥戴。猒，古同"厌"。

⑧不以其无争与：难道不是因为他不争吗？与，反问语气词。河本、王本用的是陈述句。

【译文】

江海之所以能够成为百川归往之处，是因为它善于居于百川之下，所以能为百川所归往。因此，圣人要居上治理百姓，就要用言辞对百姓表示甘居其下；要想居前领导百姓，必须把自己放在他们的后面。所以，圣人虽然高高在上，而百姓并不感到负担沉重；居于百姓之前，而百姓并不感到有危害。因此，天下的百姓都乐意拥戴他而不会厌弃他。难道不是因为他不争吗？所以天下没有人能和他相争。

第六十七章

（今传本第八十章）

【题解】

"小国寡民"是老子理想社会的集中表现。

老子提出"小国寡民"的理想社会与当时的历史背景有关。春秋时期，周王室衰微，各诸侯国为了争夺土地和百姓，常年征战，百姓流离失所，不断迁移。老子认为是统治者无尽的贪欲，才会发动战争，给百姓带来无穷的灾难。建立一个人口少的行政区域，表达了老子希望构筑一个朴素的社会，即统治者没有过多的欲望（称霸天下和领土扩张），国家没有战争。老子提出"小国寡民"不在于统治区域的面积小，意在强调君主要抑制自己扩张领土、称霸天下的欲望，因为天下的大治不是依靠暴力达到的，其关键在于"为无为"（第六十三章），"取天下，恒无事；及其有事也，（不）足以取天（下）"（第四十八章）。

君主不以智谋治国，因此才智之士不用奔波以求显达；君主无为而治，百姓不用因战乱四处迁徙，同时各地区的百姓安其居，不侵占他人的疆域；君主行不言之教，不需要学问礼法的训教，百姓"复归于朴"（第二十八章）。在这个社会里，文明社会的很多东西被弃置，如才智学问、舟车、甲兵、文字等，这不是百姓落后、无知、不会使用这些东西，而是这些东西已经不再被需要。百姓以自己的饮食为甘甜（甘其食），以自己的服饰为美丽（美其服），以遵从自己的习俗文化为快乐（乐其俗），以自己的居室为安适（安其居），人人知足，没有迁徙的必要，没有征战的必要，因此与邻国相望却没有必要往来。

【原文】

甲本：小邦寡民，使十百人之器①毋用，使民重死而远徙②。有车周③无所乘之，有甲兵无所陈□□□□□□用之。甘其食，美其服，乐其俗，安其居④，鄰邦相望，鸡狗之声相闻，民至□□□□□。

乙本：小国寡民，使有十百人器而勿用，使民重死而远徙。又周车无所乘之；有甲兵无所陈之⑤，使民复结绳⑥而用之。甘其食，美其服，乐其俗，安其居，戏国相望，鸡犬之□□闻，民至老死不相往来。

河本：小国寡民，使有什伯人之器而不用，使民重死而不远徙。虽有舟舆，无所乘之，虽有甲兵，无所陈之。使民复结绳而用之。甘其食，美其服，安其居，乐其俗。邻国相望，鸡狗之声相闻，民至老不相往来。

王本：小国寡民，使有什伯之器而不用，使民重死而不远徙。虽有舟舆，无所乘之；虽有甲兵，无所陈之；使人复结绳而用之。甘其食，美其服，安其居，乐其俗。邻国相望，鸡犬之声相闻，民至老死不相往来。

【注释】

①十百人之器：各种各样的器具。

②使民重死而远徙：使百姓看重生死而不随便迁徙到远方。重死，把生死看得很重。徙，迁徙，搬家。历代统治者都施行这种"安土重迁"的政策，一是为了税收方便，二是为了社会稳定。

③周：同"舟"。

④甘其食，美其服，乐其俗，安其居：使百姓觉得饮食甘美、衣服美丽、风俗和乐、居室安适。甘、美、乐、安皆有自足以随遇而安之义。

⑤有甲兵无所陈之：即使有盔甲兵器也无从使用。陈，陈列，这里指使用。

⑥结绳：上古以结绳记事，这里指"复归于朴"。

【译文】

使国家变小、人民变少，即使有各种各样的器具，却并不使用。使百姓看重生死而不随便迁徙到远方。即使有船只车辆，却没地方可用；即使有盔甲兵器也无从使用。使百姓重新回到结绳记事的古朴自然状态。使百姓觉得饮食甘美、衣服美丽、风俗和乐、居室安适。邻国之间互相望得见，听得见彼此鸡鸣狗吠的声音，百姓老死不相往来。

第六十八章

（今传本第八十一章）

【题解】

老子认为真正的"信者""知者""善者"是"上德不德，是以有德"（第三十八章），不需要"美""博""多"等外在的形式自显，否则就成了"下德不失德，是以无德"（第三十八章）了。

圣人少私寡欲，知足知止，唯有尽力帮助、给予他人。"圣人不积"的"积"即"甚（爱必大费，多藏必厚）亡"（第四十四章）中的"甚爱""多藏"，指过度的欲望和私利。圣人"为人"（帮助人）、"予人"（给予人）、"不争"没有刻意的目的，是对天道"利而不害"规律的效法，也有老子对当时统治者无休止地搜刮百姓的批评和劝导。圣人"为人""予人"的结果是"己愈有"（自己更加富有）和"己愈多"（自己获得更多），是"不争"之"德"的自然结果罢了。

【原文】

甲本：□□□□□□不□□者不博□者不知。善□□□□者不善。圣人无积□以为□□□□□□□□□□□□□□□□□□□□□□□□□□□□□□□□□□□□。

乙本：信言不美，美言不信^①。知^②者不博，博者不知。善者不多^③，多者不善。圣人无积^④，既以为人，己俞有^⑤；既以予人矣，己俞多。故天之道，利而不害；人之道，为而弗争。

河本：信言不美，美言不信。善者不辩，辩者不善。知者不博，博者不知。圣人不积，既以为人己愈有，既以与人己愈多。天之道，利而不害；圣人之道，为而不争。

王本：信言不美，美言不信。善者不辩，辩者不善。知者不博，博者不知。圣人不积，既以为人，己愈有；既以与人，己愈多。天之道，利而不害；圣人之道，为而不争。

【注释】

①信言不美，美言不信：诚实的话不漂亮，漂亮的话不诚实。信言，诚实可信的话。美言，华美之言，巧言。

②知：通"智"。

③多：这里指自夸。

④积：聚积，指积藏财货。

⑤既以为人，己俞有：竭尽所能帮助别人，自己反而更为富有。既，竭尽。俞，"愈"之借字。为，帮助。

【译文】

诚实的话不漂亮，漂亮的话不诚实。明智的人不刻意追求广博，刻意追求广博的人不明智。善良的人不花言巧语，花言巧语的人不善良。圣人不存占有之心，而是竭尽所能帮助别人，自己反而更为富有；他竭尽所能给予别人，自己反而获得更多。所以自然的规律是让万事万物都得到好处，而不伤害他们；圣人的准则是做什么都不跟别人争夺。

第六十九章

（今传本第六十七章）

【题解】

本章论述大道无形，以及提出了处世“三宝”，并指出“三宝”的价值和作用。

世人都说“道”大，但又什么都不像。老子回应说正是因为“道”什么都不像，所以才大。老子所说的“道”，没有准确形象、不可用概念表述出来，所以世人觉得它“不肖”。有形具体之物最终都会走向灭亡，只有无形无相之物才可以永恒存在。“道”不可名状，能表述出来的就不是常“道”了。因此老子说，如果“道”真的像了什么，就不能称为“大”了，早变得渺小了。老子形容“道”多是“恍惚”“混成”“玄之又玄”等，都是表明“道”之“不肖”。“夫唯不宵（肖），故能大。”这句话也表明“道”不彰显其大，也不自居其大，但是众人不知，以为它不像大或不那么大。

本章中老子论述了“慈”“检”“不敢为天下先”这“三宝”。在“三宝”中，“慈”是最重要的。“慈”的基本含义是“柔”，它和儒家的“仁”不同，老子一再说“天地不仁”“圣人不仁”“天道无亲，恒与善人”。“道”是没有偏私的，老子讲的“慈”超越世俗血缘、伦理的价值标准，它指向的是“道”“万物昔而弗始，为而弗志也，成功而弗居也”（第二章）之“玄德”，像“道”对天地万物一样“利而不害”（第六十八章）。“慈”意味着没有私欲。节制欲望便是“检”，即“治人事天莫若啬”之“啬”。没有私欲就不再与人相争，这便是“不敢为天下先”。

"三宝"是老子"辅万物之自然，而弗敢为"（第六十四章）思想的具体表现。老子说："勇于敢则杀，勇于不敢则栝（活）。"（第七十五章）本章的"夫兹（慈），故能勇"，就是勇于不敢、勇于后、勇于不敢为天下先。"检，敢（故）能广"，有"检"德之人，懂得知足知止，"知足则富"。此"富"与"广"可通。"不敢为天下先，故能为成器长"与"是以圣人冬（终）不为大，故能（成其大）"（第六十三章）内涵相通。如果舍弃了"三宝"依然能"勇""广""先"，可知其"勇"是争强好胜，其"广"是敛财聚富，其"先"是争权夺利，这都是死路。

本章最后谈及战争，只是以战争为例，依然说"慈"。蒋锡昌对此解释道："老子谈战，谈用兵，其目的不外一个'慈'字，人君用兵之目的，在于爱民，在于维护和平，在于防御他国之侵略；其方法在以此爱民之心感化士兵，勿使人人互用慈爱之心，入则守望相助，出则疾病相扶，战则危难相惜。夫能如此，则用兵不战则已，战则无有不胜者。"

【原文】

甲本：□□□□□□□□□□夫唯□故不宵。若宵，细久矣。我恒有三葆①，□□□之。一曰兹，二曰检②□□□□□□□□□□□□□□□□故能广；不敢为天下先，故能为成事长③。今舍其兹，且勇④；舍其后，且先：则必死矣。夫兹□□则胜，以守则固。天将建之，女以兹垣之⑤。

乙本：天下□胃我大⑥，大而不宵⑦。夫唯不宵，故能大。若宵，久矣其细也夫。我恒有三琛，市而琛之。一曰兹，二曰检，三曰不敢为天下先。夫兹，故能勇；检，敢能广⑧；不敢为天下先，故能为成器长。今舍其兹，且勇；舍其检，且广；舍其后，且先，则死矣。夫兹，以单则朕，以守则固⑨。天将建之，如以兹垣之。

河本：天下皆谓我道大，似不肖。夫唯大，故似不肖。若肖久矣，其细。我有三宝，持而保之。一曰慈，二曰俭，三曰不敢为天下先。慈故能勇；俭故能广；不敢为天下先，故能成器长。今舍慈且勇，舍俭且广，舍后且先，死矣！夫慈，以战则胜，以守则固。天将救之，以慈卫之。

王本：天下皆谓我道大，似不肖。夫唯大，故似不肖。若肖，久矣其细也夫。我有三宝，持而保之。一曰慈，二曰俭，三曰不敢为天下先。慈，故能勇；俭，故能广；不敢为天下先，故能成器长。今舍慈且勇，舍俭且广，舍后且先，死矣。夫慈，以战则胜，以守则固。天将救之，以慈卫之。

【注释】

①葆：帛书乙本作"琛"，同"宝"，即"道"的意思。

②一曰兹，二曰检：第一件叫作慈柔，第二件叫作节俭。兹，作"慈"，慈爱。检，作"俭"，节俭。

③不敢为天下先，故能为成事长：不敢居于天下人之先，所以能成为天下人的首领。成事长，主事的首领。乙本作"成器长"，"事""器"义近，据其他章的用法，如"朴散则为器"，作"成器长"更妥当。

④今舍其兹，且勇：如果舍弃了柔慈而追求勇武。今，如果。且，取，求取，追求。

⑤天将建之，女以兹垣之：上天要成就谁，就用慈柔来卫护他。建，建立，成就。河本、王本作"救"。女，同帛书乙本"如"，如，犹"则"。垣，城墙，此处作动词用，指卫护。

⑥胃我大：说我大。胃，作"谓"。我，指得道的圣人。

⑦大而不宵：大却不像任何具体的东西。宵，通"肖"，相似。

⑧检，敢能广：能够做到节俭，所以才能拓展功业。敢，作"故"，当为乙本抄写之误。广，扩大展开，成就事业。

⑨夫兹，以单则朕，以守则固：用慈柔来征战就能胜利，用慈柔来守卫就能固守。单，通"战"，征战。朕，"胜"的借字。

【译文】

天下人都说我大，大却不像任何具体的东西。正因为大，所以才不像任何具体的东西。如果相似了，那么就显得渺小了。我常身怀三件法宝，一直持有而且保全它们：第一件叫作慈柔，第二件叫作节俭，第三件是不敢居于天下人之先。能够做到慈柔，所以才能勇敢无畏；能够做到节俭，所以才能拓展功业；能够做到不敢居于天下人之先，所以能成为天下人的首领。如果舍弃了柔慈而追求勇武，舍弃了节俭而拓展功业，舍弃了退让而一味争先，那就是自寻死路了。用慈柔来征战就能胜利，用慈柔来守卫就能固守。上天要成就谁，就用慈柔来卫护他。

第七十章

（今传本第六十八章）

【题解】

本章老子阐述了在军事战争方面的"不争之德"。"不武""不怒""弗与""为之下"，皆是"不争之德"的具体表现。

从实际的战争角度看，"善为士者不武"。作为军队的主帅，不以兵强天下，不耀武扬威，一方面使敌人无法窥探其深浅，另一方面不主动发起进攻，致使生灵涂炭；即使战胜了，也不恃强凌弱，只求达到目的即可。"善战者不怒"，怒是内心受扰动、烦躁的外在体现。"主不可怒而兴师"，军队的主帅冲动会将国家与士兵置于不利的境况，最终带来灾祸。"善朕敌者弗与"就是避免与敌人正面交锋。战争最好的方式是不战而屈人之兵。破釜沉舟、决一死战的方式往往带来较大的伤亡，而爱惜士兵的将帅以慈悲为怀，以没有伤亡的方式获胜是真正的善胜敌者。"善用人者为之下"，将帅应甘居下位，才能得到士兵的爱戴，如百川汇海般成为真正百万之军的主帅。

老子的战争观取法于"道"，遵守天道无为、天道尚慈、守柔用弱的原则。将帅在战争中的"不争之德"，就是天道的无为、尚慈精神的体现。遵行天道的法则往往会达到"天之道，不单而善朕"（第七十五章）及"天道无亲，恒与善人"（第八十一章）。所以，符合天道规律的战争法则是最好的用兵之道。

【原文】

甲本：善为士者不武^①，善战者不怒^②，善胜敌者弗□，善用人者为之下^③。□胃不诤之德，是胃用人，是胃天，古之极也。

乙本：故善为士者不武，善单者不怒，善朕敌者弗与，善用人者为之下。是胃不争□德，是胃用人，是胃肥天，古之极也④。

河本：善为士者不武，善战者不怒，善胜敌者不与，善用人者为之下。是谓不争之德，是谓用人之力，是谓配天古之极。

王本：善为士者不武，善战者不怒，善胜敌者不与，善用人者为之下。是谓不争之德，是谓用人之力，是谓配天，古之极。

【注释】

①善为士者不武：善于统率士卒的将帅，不逞勇武。为，管理，统率。士，士卒。

②不怒：不轻易发怒。

③下：谦下。

④是胃肥天，古之极也：这叫作符合天道，这是自古以来的最高准则。肥，"配"的借字，配天，与天道配称。极，指最高准则。

【译文】

善于统率士卒的将帅，不逞勇武；善于作战的人，不轻易发怒；善于战胜敌人的人，不与敌人正面交锋；善于用人的人能谦下待人。这叫作不争的品德，这叫作善于用人，这叫作符合天道，这是自古以来的最高准则。

第七十一章

（今传本第六十九章）

【题解】

此章也是论兵。老子对军事战争的讨论是在"道"的理念之下展开的，因此老子的军事思想以止战为目的，而不是取胜。老子引用兵家的名言讲在主、客之中选择客，在进、退之间选择退的用兵之道，借此表明自己的"不争""守柔"的思想。看似老子与兵家的看法一致，其实不然。兵家意在表达以退为进、以静制动的军事战略思想，目的是取胜，其战略思想在不同情况下可以改变，归根到底是一种谋术。老子以道论战，他提供的不是术，而是以道相和的根本原则。因此，老子借兵家之言意在表达上一章所说的"不争之德"。

对于"行无行，襄无臂，执无兵，乃无敌矣"可以参照"是以圣人执左芥，而不以责于人"的精神来理解。圣人有权拿着借据要求借债人还债，却不主动强迫别人还债。与此相通，面对敌人，即便我方可以列阵以战却不主动列阵，我方有放手一搏的时机却不贸然出战，我方有兵戈之利却不主动操戈。通过这种"不争"的方式，化有敌为无敌。这种"不争""守弱"不是无力、消极的表现，而是老子所说的"夫兹，故能勇"（第六十九章）的力量。天道尚慈，以慈为根据的军事思想，能够激发真正符合"道"的勇，就是"勇于不敢则栝"。

"祸莫大于无敌"，"无敌"指自恃无可匹敌，因此就会奋力以争。在这种情况下，老子说就会失去"慈""俭""不敢为天下先"这三宝。自恃无敌意味着不能以慈来看待战争，无视生命、轻举妄动；意味着不能节制欲望，劳民伤财；意味着以强取天下，事情终将物极必反，"兵强则不胜"（第七十八章）。

最后老子说："故称兵相若，则哀者胜矣。"两军势均力敌，则慈悲爱民的一方获胜。这与"天道无亲，恒与善人"（第八十一章）的法则相通，因为慈者能够"不武""不怒""弗与""为之下"（第七十章），即使在不得不争战的情况下，士兵将领也能上下一心，攻无不克。

【原文】

甲本：用兵有言曰：吾不敢为主而为客[1]，吾不进寸而芮[2]尺。是胃行无行[3]，襄无臂[4]，执无兵[5]，乃无敌[6]矣。飐莫于于无適[7]，无適斤亡吾吾葆矣[8]。故称兵相若[9]，则哀[10]者胜矣。

乙本：用兵又言曰：吾不敢为主而为客，不敢进寸而退尺。是胃行无行，攘无臂，执无兵，乃无敌。祸莫大于无敌，无敌近亡吾琛矣。故抗兵相若，而依者朕[11]□。

河本：用兵有言：吾不敢为主而为客，不敢进寸而退尺。是谓行无行，攘无臂，仍无敌，执无兵。祸莫大于轻敌，轻敌几丧吾宝。故抗兵相加，哀者胜矣。

王本：用兵有言：吾不敢为主而为客，不敢进寸而退尺。是谓行无行，攘无臂，扔无敌，执无兵。祸莫大于轻敌，轻敌几丧吾宝。故抗兵相加，哀者胜矣。

【注释】

①吾不敢为主而为客：我不敢主动进攻，而被动应战。为主，采取攻势。为客，采取守势。

②芮："退"的借字。

③行无行：虽然有阵势，却像没有阵势可摆。行，行列，阵势。

④襄无臂：虽然奋臂以争，却像没有臂膀可举。襄，同帛书乙本"攘"，将袖奋臂的情状。

⑤执无兵：虽然手握兵器，却像没有兵器可握。兵，兵器。

⑥乃无敌：虽然面临敌人，却像没有敌人可打。乃，同"扔"，拉扯，这

里指攻击。

⑦祸莫于于无适：祸患没有比自恃无敌更大的了。祸，同帛书乙本"祸"。于于，前一个"于"为"大"之误。适，即"敌"，无适（无敌）非前文之"无敌"，此处指自恃无人可敌。

⑧无适斤亡吾吾葆矣：自恃无敌近乎丧失"三宝"。斤，作"近"，近乎。吾吾，多一个"吾"，应删。葆，和帛书乙本的"琛"都通"宝"，指"慈""检""不敢为天下先"。

⑨称兵相若：两军势均力敌。称兵，举兵，其义与"抗兵"同。相若，相当。

⑩哀："慈"的意思。《说文解字》："哀，闵也。"闵，同"悯"，即指慈。

⑪依者朕：慈弱的一方获胜。依，通"哀"。朕，通"胜"。

【译文】

用兵的人曾说："我不敢主动进攻，而被动应战；不敢前进一寸，而要后退一步。"这就叫：虽然有阵势，却像没有阵势可摆；虽然奋臂以争，却像没有臂膀可举；虽然手握兵器，却像没有兵器可握；虽然面临敌人，却像没有敌人可打。祸患没有比自恃无敌更大的了，自恃无敌近乎丧失"三宝"。所以，两军势均力敌时，慈弱的一方获胜。

第七十二章

（今传本第七十章）

【题解】

老子认为"道"创生出天地万物之后并没有隐藏起来，而是以"德"的形式存在于万物之中，"道"的自然属性也已经内化为人的自然本性。因此，复归于"道"是顺从自己内在生命的本性，是易行的；自然、无为、不争等"道"之德性简明扼要，是易知的。每个人生命深处都渴望自由、自然、真朴，但是人们在尘世过度追求现实的欲望和利益，忽视、损害其素朴的本性，不再认识真道、践行真理。所以，老子说"吾言甚易知也，甚易行也"，但"人莫之能知也，而莫之能行也"。

老子认为人类应当从宇宙的视角来审视自身，人的存在价值、意义和行为准则应当与宇宙万物本源的价值理念相统一。因此，"言有君，事有宗"说明人的思想言论和行为动机都是有依据的，其依据就是"道"。

徐复观说："老学的动机与目的，并不在于宇宙论的建立，而依然是由人生的要求，逐步向上推求，推求到作为宇宙根源的处所，以作为人生安顿之地。因此，道家的宇宙论，可以说是他的人生哲学的副产物。他不仅是要在宇宙根源的地方来发现人的根源，并且是要在宇宙根源的地方来决定人生与自己根源相应的生活态度，以取得人生的安全立足点。"

世俗之人不知道真正能够安身立命的真道，也不理解老子用意。老子之"道"不被世人推崇，但他并没有慨叹、愤懑、悲观，而是认为这是常态。有道的圣人衣着粗布，与众人无异，和光同尘，但内怀"宝玉"，同尘而不渝。

【原文】

甲本：吾言甚易知也，甚易行也①；而人莫之能知也，而莫之能行也。言有君，事有宗②。夫唯无知③也，是以不□□□□□□□我贵矣。是以圣人被褐而褻玉④。

乙本：吾言易知也，易行也；而天下莫之能知也，莫之能行也。夫言又宗，事又君。夫唯无知也，是以不我知⑤。知□者希⑥，则我贵矣。是以□人被褐而褻玉。

河本：吾言甚易知，甚易行。天下莫能知、莫能行⑦。言有宗，事有君。夫惟无知，是以不我知。知我者希，则我者贵。是以圣人被褐怀玉。

王本：吾言甚易知，甚易行；天下莫能知，莫能行。言有宗，事有君。夫唯无知，是以不我知。知我者希，则我者贵。是以圣人被褐怀玉。

【注释】

①吾言甚易知也，甚易行也：我的话很容易懂，很容易施行。知，理解。行，践行。

②言有君，事有宗：言论有主旨，行事有根据。君、宗，王弼注云："宗，万物之主也；君，万事之主也。"这里都是指有根有据。

③无知：不懂得"言有君，事有宗"道理的人。

④是以圣人被褐而褻玉：因此，圣人往往穿着粗布衣服却怀揣着美玉。褐，粗布，粗衣。褻，"怀"的古字，怀揣。

⑤不我知：不了解我。

⑥希：同"稀"，少。

⑦河本、王本无"之"字和"也"字，帛书本有"之"和"也"，语气更加和缓。

【译文】

我的话很容易懂，很容易施行。但是天下竟没有谁能理解，没有谁可以施行。言论有主旨，行事有根据。人们不了解这个道理，因此才不懂得我。能理解我的人很少，这表明我所言是何等重要。因此，圣人往往穿着粗布衣服却怀揣着美玉。

第七十三章

（今传本第七十一章）

【题解】

本章重在阐述人的认知局限和对"知"应有的态度。天地万物复杂多变，承认自己有所不知为"知"的上乘之境。人贵在知道自己无知，但世人反而以不知以为知。在这里，老子主张的"知"是"知常明也"（第十六章）的"知"，是对"道"的认识，正如刘笑敢所说："老子的'知不知'不是作为道德原则出现的，不限于做人的要求，而是与老子对人、对万物乃至对宇宙和宇宙之道根本性观察直接相联系的。"

一个人对"道"有所了解但依然认识到有不能觉悟的地方，这是老子所说的"知不知"；一个人不认识"道"却自以为觉悟，即"不知知"。"以其病病"中的"病"，乃指"不知知"之病。圣人能够认识到这种"病"的荒谬错误，因此他能把这看作毛病（以其病病），而不犯这种毛病（是以不病）。

在认知事物时，我们很难知道我们不知道什么，常常自以为知，其实无知。圣人不以知自恃，并不是要表现一种谦虚的姿态，而是内在的本性使然，是对"道"的认识使然。

【原文】

甲本：知不知，尚矣①；不知知，病矣②。是以圣人之不病，以其□□□□□□。

乙本：知不知，尚矣；不知知，病矣。是以圣人之不□也，以其病病③也，是以不病。

河本：知不知上；不知知病。夫唯病病，是以不病。圣人不病，以其病病，是以不病。

王本：知不知，上；不知知，病。夫唯病病，是以不病。圣人不病，以其病病，是以不病。

【注释】

①知不知，尚矣：知道自己有所不知，这是高明的境界。知不知，知道自己有所不知。尚，通"上"。

②不知知，病矣：不知道却自以为知道，那就是毛病了。不知知，不知道却自以为知道。病，毛病，缺陷。

③病病：把这种毛病看作毛病。前一个"病"字作动词，把……看作毛病。后一个"病"为名词，毛病。

【译文】

知道自己有所不知，这是高明的境界。不知道却自以为知道，那就是毛病了。因此，圣人没有这种毛病，是因为他把这种毛病看作毛病。正因为他把这种毛病看作毛病，所以就没有这种毛病。

第七十四章

（今传本第七十二章）

【题解】

俗话说：哪里有压迫，哪里就有反抗。当国家的刑法、政令一再压迫百姓，而使其不堪其重时，百姓就会铤而走险，起身反抗。对于统治者来说，将面临社会混乱，甚至政权被颠覆的灾祸。老子告诫统治者不要压迫百姓，致使其难有容身之所，无有生存之计。一位真正有道的君主，就如第六十六章讲到的"居前而民弗害""居上而民弗重"，君主不做压在百姓之上的负担和祸害，百姓才会拥护君主。

老子崇尚自然，主张万物按内在生命自主、自然地生长发展，但这种自由不是绝对的、完全放任的，而是时时警醒约束自己，处处怀揣"三宝"以求与"道"同行，不把自己的自由建立在对他人的奴役之上。因此圣人"自知、自爱"是人自主性的表现，而圣人"不自"就是超越"自"的局限，超越自我欲望和私利，得以进入更大的视野中，即以"道"来审视。

【原文】

甲本：□□□畏畏，则大□□□矣。毋闸其所居，毋猒其所生①。夫唯弗猒，是□□□□□□□□□□□□□□□□□而不自贵也。故去被取此。

乙本：民之不畏畏，则大畏将至矣②。毋伸其所居，毋猒其所生。夫唯弗猒，是以不猒。是以圣人自知而不自见也，自爱而不自贵也③。故去罢④而取此。

河本：民不畏威，大威至矣。无狭其所居，无厌其所生。夫惟不厌，是以不厌。是以圣人自知不自见；自爱不自贵。故去彼取此。

王本：民不畏威，则大威至。无狎其所居，无厌其所生。夫唯不厌，是以不厌。是以圣人自知不自见，自爱不自贵。故去彼取此。

【注释】

①毋闸其所居，毋猒其所生：不要胁迫百姓不得安居，不要压榨百姓谋生的道路。闸，同帛书乙本"伊"，河本"狭"、王本"狎"，皆意为胁迫。猒，同"厌"，压迫。

②民之不畏畏，则大畏将至矣：当百姓不畏惧统治者的权威时，那么可怕的大祸乱就要到来了。第一个"畏"作动词，畏惧。第二个"畏"作名词，通"威"，权威。第三个"畏"作名词，指可怕的祸乱。

③是以圣人自知而不自见也，自爱而不自贵也：因此，圣人有自知之明却不表现自己，爱惜自己却不自以为高贵。不自见（xiàn），不自我显示。不自贵，不自以为高贵。

④罘：通"彼"。

【译文】

当百姓不畏惧统治者的权威时，那么可怕的大祸乱就要到来了。不要胁迫百姓不得安居，不要压榨百姓谋生的道路。统治者不压迫百姓，百姓就不会反抗统治者。因此，圣人有自知之明却不表现自己；爱惜自己却不自以为高贵。所以要舍弃"自见""自贵"而选择"自知""自爱"。

第七十五章

（今传本第七十三章）

【题解】

　　"勇于敢则杀"和"勇于不敢则栝"是两种价值观念和行为实际。勇是勇敢的意思，表示竞争、进取。世人多看眼前之利，喜欢抓取更多的好处，勇于竞争，但往往因此陷入绝境。"勇于不敢则栝"与"夫兹，故能勇"（第六十九章）可相参照，以"慈"德作为勇背后的信念，勇才不会毫无节制，不会全然利己，因此先慈而后勇，带来的行动是"不敢"，不敢为天下先，不以利图，结果是保生得利。同时，"勇于不敢则栝"与"柔弱生之徒也"（第七十八章）相通，勇于不敢里面包含了柔弱的态度。"不敢""柔弱"需要一定的勇气，需要与世俗的潮流逆道而行，这样的勇看似无为，但绝不简单、轻易。

　　这两者（"勇于敢"和"勇于不敢"）或利或害，天道厌恶什么，很难知道。苏辙认为"勇于敢则杀，勇于不敢则栝"是常理，但是敢者也有得生的时候，不敢者也有得死的时候，这是天道的或然。世人常常侥幸于后者的或然，而忽略了常理。老子相信天道的常理，也了解天道的或然，他没有把事理规则化、教条化，人在其中可以自主进行判断和选择。

　　然而，老子最后也说了"天罔（恢恢），疏而不失"，天道纵然没有人所谓的是非对错，能够包容一切，但是不会疏漏，不会违背它自然的规律。天道的规律就是天道不争、不言、不待召请、泰然自若，这都是在说天道"无为"。因为"无为"而"善胜""善应""自来""善谋"，这都是在说天道无为而得以无不为。老子讲人事是为了阐明背后的天之道，而讲天道是为了由天道指导人事。

【原文】

甲本：勇于敢者□□□于不敢者则栝□。□□□□□□□□□□□□□□□□□□□□□□□不言而善应，不召而自来，弹而善谋。□□□□□□□□□。

乙本：勇于敢则杀，勇于不敢则栝①□两者或利或害②，天之所亚③，孰知其故？天之道，不单而善朕④，不言而善应⑤，弗召而自来，单而善谋⑥。天罔⑦□□，疏而不失。

河本：勇于敢则杀，勇于不敢则活。此两者，或利或害。天之所恶，孰知其故？是以圣人犹难之。天之道，不争而善胜，不言而善应，不召而自来，繟然而善谋。天网恢恢，疎而不失。

王本：勇于敢则杀，勇于不敢则活。此两者或利或害。天之所恶，孰知其故？是以圣人犹难之。天之道，不争而善胜，不言而善应，不召而自来，繟然而善谋。天网恢恢，疏而不失。

【注释】

①勇于敢则杀，勇于不敢则栝：勇于进取就会遭遇绝境，勇于柔弱就会得以保全。勇于敢，凡事逞强好胜。杀，致死，绝境。栝，"活"的借字。

②或利或害：有时有利，有时有害。"或……或……"表示不确定。

③亚：作"恶"，厌恶，厌弃。

④不单而善朕：不争战但善于取胜。单，通"战"，争战。朕，借作"胜"。

⑤应：回应，指回应万物。

⑥单而善谋：胸怀坦荡而善于筹划。单，通"坦"，坦然。

⑦天罔：天道的力量。

【译文】

勇于进取就会遭遇绝境，勇于柔弱就会得以保全，这两种表现，有时有利，有时有害。天道所厌恶的东西，谁知道是什么原因呢？圣人也难以把事情讲明白。道的规律是，不争战但善于取胜，不说话而善于回应，不召唤而自动到来，胸怀坦荡而善于筹划。天道之网宽广无边，稀疏但并不会有漏失。

第七十六章

（今传本第七十四章）

【题解】

老子反对以刑法、政令作为驱使百姓的手段。倘若百姓不怕死，用刑杀威吓百姓则没有意义；假使百姓都怕死，只要抓住一个典型来惩罚，就可以禁止百姓做不法的事。但是事实证明法令滋彰，盗贼多有，刑杀不能禁绝所有不法之举。

倘若百姓一定是怕死的，刑杀作为维护社会秩序的工具，有一定的合理性和作用。那么谁来"杀"呢？老子提出由"司杀者"来执行。关于"司杀者"是谁，存在争论。

一说司杀者指天道。天道是万物存在的根据，它作用于万物又制约万物，正所谓"天罔（恢恢），疏而不失"（第七十五章）。不过，天道司杀是因任万物自然，无为而为。所以，天道犹如高明的木匠斫木，其生杀大权运用合度。但在专制政治下，统治者认为自己有生杀予夺的大权，好刑嗜杀，代天道司杀，最终难免会伤到自己。

一说司杀者指相关的司法机构。统治者不能越过司法机构随意决定他人生杀。这种理解虽然不能解释为老子具有法制思想，但可以看到老子在无为而治下，并不是主张废除所有的制度。

【原文】

甲本：□□□□□□□奈何以杀愳①之也？若民恒是死，则而为者吾将得而杀之，夫孰敢矣。若民□□必畏死，则恒有司杀者②。夫伐司杀者杀，是伐大匠斲也^③。夫伐大匠斲者，则□不伤其手矣。

乙本：若民恒且畏不畏死^④，若何以杀瞿^⑤之也？使民恒且畏死，而为畸^⑥者□得而杀之，夫孰敢矣。若民恒且必畏死，则恒又司杀者。夫代司杀者杀，是代大匠斲。夫代大匠斲，则希不伤其手。

河本：民不畏死，奈何以死惧之？若使民常畏死，而为奇者，吾得执而杀之，孰敢^⑦？常有司杀者，夫代司杀者，是谓代大匠斫，夫代大匠斫者，希有不伤手矣。

王本：民不畏死，奈何以死惧之？若使民常畏死，而为奇者吾得执而杀之，孰敢？常有司杀者杀，夫代司杀者杀，是谓代大匠斲，夫代大匠斲者，希有不伤其手矣。

【注释】

①悡：同"惧"。

②司杀者：掌管刑杀者。喻指天道。

③大伐司杀者杀，是伐大匠斲也：代替专管杀人的人去杀人，就好比代替能工巧匠去砍木头。伐，"代"字误写。大匠，技艺高明的木匠，指"司杀者"。斲（zhuó），同"斫"，砍、削。

④若民恒且畏不畏死：倘若百姓不畏惧死亡。"恒且"后多一"畏"字，宜删。恒且不，表示一种强调的语气。

⑤瞿：同"惧"。

⑥畸：通"奇"，诡异不正。

⑦河本、王本"孰敢"句下无"若民恒且必畏死"句，有此句文意更为完备。

【译文】

倘若百姓不畏惧死亡，为什么用死来震慑他们呢？倘若百姓害怕死亡，对于为非作歹的人，把他们抓来杀掉，谁还敢为非作歹呢？经常有专管刑杀的来执行杀人的任务，代替专管杀人的人去杀人，就好比代替能工巧匠去砍木头。代替高明的木匠干活的人，没有不伤到自己的。

第七十七章

（今传本第七十五章）

【题解】

老子理想的政治图景是统治者运用"无为"的治理方法，以百姓的心为心，而使天下国家达到"治"的目标——"执大象，天下往；往而不害，安平太。"（第三十五章）"执大象"就是遵循大道。然而，老子所处的时代，百姓连基本的温饱都不能得到保证，统治者"云不足而奉又余"（第七十九章），一方面通过加重征税盘剥百姓，另一方面厚养自身，追求奢华的生活。

当百姓食不果腹、难以求生时，就不再看重自己的生命，很容易犯险作乱。这就是老子所说"及其有事也，（不）足以取天（下）"（第四十八章）。"有事"即有为，统治者盲目的作为导致社会贫富对立，导致"民饥""民难治""民轻死"。这里老子所说的有为指违背自然规律的行为，比如民以食为天，人对食物的需求是自然的，统治者不应盘剥。

沈善增说："一般，有为的政治总是以追求利益为目标……但依《道德经》的观点来看，这些利益很可能是虚火上升，甚或是饮鸩止渴，而今天的利益也会变成明天的祸害。"

统治者积极追求"求生之厚"，追求身体的享受，甚至不惜加重对百姓的剥削，结果不但不利于健康，而且会戕害生命。"求生之厚"表面上是"重生"，其实是"轻生"。

【原文】

甲本：人之饥也，以其取食逆①之多也，是以饥。百姓之不治②也，以其上有以为^③□，是以不治。民之至死^④，以其求生之厚也，是以至死。夫唯无以生为者，是贤贵生^⑤。

乙本：人之饥也，以其取食跂之多，是以饥。百生^⑥之不治也，以其上之有以为也，□以不治。民之轻死也，以其求生之厚也，是以轻死。夫唯无以生为者，是贤贵生。

河本：民之饥，以其上食税之多，是以饥。民之难治，以其上有为，是以难治。民之轻死，以其求生之厚，是以轻死。夫唯无以生为者，是贤于贵生。

王本：民之饥，以其上食税之多，是以饥。民之难治，以其上之有为，是以难治。民之轻死，以其求生之厚，是以轻死。夫唯无以生为者，是贤于贵生。

【注释】

①说：帛书甲本"说"、乙本"跂"都作"税"。食说，粮税。

②不治：不能得到治理。

③有以为：即"有为"，这里指政令烦苛，强加干涉。

④至死：轻视死亡。至，通"轻"。河上公云："人民轻犯死者，以其求生活之道太厚，贪利以自危。以求生太厚之故，轻入死地也。"

⑤夫唯无以生为者，是贤贵生：只有不追求奢侈享受的人，才胜过过于看重自己生命的人。无以生为，不把奢侈享受作为生的目标。贤，胜。贵生，厚养生命。

⑥生："姓"的假借字。

【译文】

百姓之所以遭受饥饿，就是因为统治者征收粮税太多，所以才陷于饥饿。百姓之所以不能得到治理，是由于统治者政令烦苛，强加干涉。百姓之所以轻生冒死，是由于统治者奉养奢侈，所以百姓不怕冒死一争。只有不追求奢侈享受的人，才胜过过于看重自己生命的人。

第七十八章

（今传本第七十六章）

【题解】

本章阐述了老子贵柔的基本思想。

老子认为柔弱胜刚强，以人和草木的生死为例：人的身体生前柔软，死后变得僵硬；草木生时枝干柔软，死后变得干枯。自然万物遵循"反者道之"的规律，一方面，物极必反，强弱转化。军队耀武扬威，容易遭受反击以致失败；树木粗壮，容易招致砍伐而被折断。另一方面，强弱转化不是简单地做圆周式循环。柔弱不仅与刚强相对，柔弱是对刚强的超越和提升。柔弱本质上是"道"的德性，化育在万物之中，引导万物走向"道"。"道"柔弱处下，创生万物。所以本章说"坚强死之徒也，柔弱生之徒"，柔弱是万物走向"道"的坦途，是生之道。

第三十二章提到，"道"是无以名状的永恒存在（道恒无名）的，质朴自然。"道"虽然虚无"渺小"，却主宰天地万物，没有任何东西能使它臣服。"道"虽然看起来"小"且"柔弱"，却是十分尊贵、无不为的。因此，结尾以"强大居下，柔弱居上"作结。第六十一章"天下之交也，牝恒以靓胜牡"，也是表明柔弱胜刚强的道理。

【原文】

甲本：人之生也柔弱①，其死也櫃仞贤强②。万物草木之生也柔脆③，其死也枯薨④。故曰：坚强者死之徒⑤也，柔弱微细生之徒也。兵强则不胜，木强则恒⑥。强大⑦居下，柔弱微细居上⑧。

乙本：人之生也柔弱，其死也䐠信坚强。万□□木之生也柔桙^⑨，其死也枯槁。故曰：坚强死之徒也，柔弱生之徒也。□以兵强则不朕，木强则竞。故强大居下，柔弱居上。

河本：人之生也柔弱，其死也坚强。万物草木之生也柔脆，其死也枯槁。故坚强者死之徒，柔弱者生之徒。是以兵强则不胜，木强则共。强大处下，柔弱处上。

王本：人之生也柔弱，其死也坚强。万物草木之生也柔脆，其死也枯槁。故坚强者死之徒，柔弱者生之徒。是以兵强则不胜，木强则兵。强大处下，柔弱处上。

【注释】

①柔弱：指人的身体、筋络、韧带等柔软。

②其死也䓴仞贤强：人死后筋络、韧带都变得僵硬，简译为"人死后变得枯槁僵硬"。帛书甲本"䓴仞"与乙本"䐠信"同为"筋肕"之借字。贤，作"坚"。

③柔脆：指草木柔软。

④枯菒：作"枯槁"。

⑤死之徒：属于死亡的一类。徒，属、类。

⑥木强则恒：树木长得高大强壮就被砍伐当作柴烧。帛书甲本"恒"、乙本"竞"都通"烘"，烧。

⑦强大：自恃强大。

⑧帛书甲本"柔弱微细居上"，而乙本作"柔弱居上"，无"微细"二字。

⑨桙：通"脆"。

【译文】

人活着的时候身体是柔软的，死后变得枯槁僵硬。草木生长时枝叶柔嫩，死后就变得干枯了。所以，强硬的事物属于死亡的一类，柔弱的东西属于生的一类。因此，用兵逞强不能取胜，树木长得高大强壮就被砍伐当作柴烧。强大的反倒处于下位，柔弱的却能居于上位。

第七十九章

（今传本第七十七章）

【题解】

本章以"张弓"为喻说明"天之道"的作用方式和运动原理，即抑高举下、损有余而补不足。在老子看来，天道包含着一种调节机制，这种机制具有均衡、公平的特点，能够使得天下万物各得其宜，都处于相对公平合宜的生存发展状态。天道的均衡不是绝对的平均主义，它以"自然"为原则，达到于万物自身合理、合宜的公平，最终实现天道的"利而不害"（第六十八章）。

老子讲天道的目的在于推导出人事行动的原理和行为的方式。效法天道公平观，有助于实现社会物质财富分配和保证社会各方面都相对公平正义。天之道并不直接干涉人事，人有自主决定的自由。但是，当人的行为原则和方式背离了天道时，人类社会就会进入失衡的状态：统治阶级贪婪无度，社会贫富差距明显。

老子最后给出有道者作为典范，他们"为而弗又，成功而弗居"且"不欲见贤"。有道者即圣人，他们以"天道"为价值原则，并践行天道。圣人之道是人的行为和原则与天道相一致，因此人可以通过效法圣人从而效法天道。

【原文】

甲本：天下□□□□□者也。高者印之，下者举之^①；有余者敁之，不足者补之^②。故天之道，有□□□□□□□□□□不然，敁□□□奉^③有余。孰能有余而有以取奉于天者乎？□□□□□□□□□□□□□□见贤也。

乙本：天之道，酉张弓也^④。高者印之，下者举之；有余者云^⑤之，不足者

□□□□□□云有余而益不足。人之道⑥，云不足而奉⑦又余。夫孰能又余而□□□奉于天者？唯又道者乎。是以圣人为而弗又，成功而弗居也，若此其不欲见贤也。

河本：天之道，其犹张弓与？高者抑之，下者举之；有余者损之，不足者益之。天之道，损有余而补不足。人之道则不然，损不足以奉有余。孰能有余以奉天下？唯有道者。是以圣人为而不恃，功成而不处，其不欲见贤。

王本：天之道，其犹张弓与？高者抑之，下者举之；有余者损之，不足者补之。天之道，损有余而补不足。人之道则不然，损不足以奉有余。孰能有余以奉天下？唯有道者。是以圣人为而不恃，功成而不处，其不欲见贤。

【注释】

①高者印之，下者举之：弦拉高了就把它压低一些，低了就把它举高一些。高者、下者，指弦位高低。印，通"抑"，压低。

②有余者敗之，不足者补之：拉得过满了就放松一些，拉得不足了就拉满一些。有余者、不足者，指弓张开后的圆满程度。

③奉：通"法"。

④天之道，酉张弓也：自然的法则，犹如拉开弓弦。酉，作"犹"。张弓，拉开弓弦。

⑤云："损"的假借字。

⑥人之道：人世的法则。

⑦奉：进献，供给。

【译文】

自然的法则，犹如拉弓射箭。弦拉高了就把它压低一些，低了就把它举高一些；拉得过满了就放松一些，拉得不足了就拉满一些。自然的法则是减损有余的，补充不足的。人世的法则却不是这样，它削减不足的来供给有余的人。那么，有谁能减少有余的以补给天下不足的人呢？只有得道者。因此，有道的圣人才有所作为而不自恃己能，有所成就而不居功。这是圣人不愿意显示自己的贤能。

第八十章

（今传本第七十八章）

【题解】

　　"柔"是"道"的根本特性，也是圣人处理事物的态度与方法。本章进一步把"柔弱"从为人处事引向国家以至天下的治理。

　　水的特性最接近"道"的不争而善胜，它常流于低谷，遇阻则退，以柔弱示人，却能够胜强、胜刚。世人通常的认识是刚强胜于柔弱，于是都想事强而不事弱，致刚而不致柔，明有而不明无，见现象而不见本体，老子却反过来说柔弱能胜刚强，这看似"若反"的说法其实是"正言"。

　　柔弱的力量归根结底还是来自"道"。统治者在治理国家、天下时，要效法水的柔弱，甘居于下，也是指效法"道"。第六十六章云："是以圣人之欲上民也，必以其言下之；其欲先民也，必以其身后之。""言下""身后"都是"柔弱"的表现，如此才能"上民""先民"。本章言君主"受邦之詢""受邦之不祥"，与第六十六章相通，指君主要"居众之所恶"，如此才能担当得起一国乃至天下的君主之位。

　　最后以"正言若反"作结，这既是对本章内容的解释，也是老子言论和思想的重要特点之一。老子的价值观与世人的一般认识相反，不仅柔弱胜刚强的观念是这样，其他诸如"不（言之）教，无为之益"（第四十三章）都带有正言若反的意味。

【原文】

　　甲本：天下莫柔□□□□坚强者莫之能□也，以其无□易□□□□□□□

□□胜强，天□□□□□□□□行也。故圣人之言云，曰：受邦之詢①，是胃社稷之主；受邦之不祥②，是胃天下之王。□□若反。

乙本：天下莫柔弱于水，□□□□□□□□以其无以易之也③。水之朕刚也④，弱之朕强也，天下莫弗知⑤也，而□□□也。是故人之言云，曰：受国之詢，是胃社稷之主；受国之不祥，是胃天下之王。正言⑥若反。

河本：天下柔弱莫过于水，而攻坚强者莫之能胜。其无以易之。弱之胜强，柔之胜刚，天下莫不知莫能行。故圣人云：受国之垢，是谓社稷主；受国之不祥，是为天下王。正言若反。

王本：天下莫柔弱于水，而攻坚强者莫之能胜。其无以易之。弱之胜强，柔之胜刚，天下莫不知，莫能行。是以圣人云：受国之垢，是谓社稷主；受国不祥，是为天下王。正言若反。

【注释】

①受邦之詢：承担国家的屈辱。邦，其他版本都用"国"，是为了避汉高祖刘邦的名讳，这里用"邦"，表明是更早的版本。詢，作"诟"，耻辱。

②不祥：不吉利，这里指灾祸。

③以其无以易之也：因为水的本质无法改变。以，因为。易，变易，改变。

④水之朕刚也：柔弱胜过刚强。水，当为"柔"之误。朕，作"胜"。

⑤莫弗知：没有人不知道。

⑥正言：指与道相契之言。河上公注："此乃正直之言，世人不知，以为反言。"

【译文】

天下没有什么比水更柔弱的了，而攻坚克强却没有什么可以胜过水的，因为水的本质无法改变。柔胜过刚，弱胜过强，天下没有人不知道这个道理，但是很少有人能实行。所以有道的圣人说："能够承担国家的屈辱，才能成为国家的君主；能够承担国家的灾祸，才能成为天下的君王。"这正面的道理倒像是在反着讲。

第八十一章

（今传本第七十九章）

【题解】

当社会制度不公平、人道背离天道时，邦国与邦国之间、君与民之间、民与民之间会缺乏诚信，相互构怨。这时"大怨"已至，无论如何调和都不免留下余怨。人们调和仇怨的方式不外乎各自妥协一步，达到某种程度的和解，并不是真正解决问题，这在老子看来并不是"为善"。第六十三章云："抱怨以德"。面对"怨"正确的方式是"德"。这里的"德"不是指人的恩惠、道德或妥协，而是"道"之"德"，也就是"圣（人执）右介"象征的德性。债权人执左契却不逼迫债务人还债，就是居有德而不苛求他人。圣人"（生而）弗有也，为而弗寺也，长而弗宰也"（第五十一章），与天道相合。天之道"云有余而益不足"（第七十九章），因此圣人虽有余却不以自奉，而奉于天下，这是真正的善。

第六十八章云："既以为人，己俞有；既以予人矣，己俞多。"有德的善人越是不自奉，越是利他，则"己俞有""己俞多"。"天道无亲，恒与善人"，合于天道则无"怨"可有。

在古代，最大的"司契"者就是君主，他有赋税契约的减免权，也是最有权做到"（执）右介，而不以责于人"的人。王博指出："《道德经》中一系列重要的概念都可以也必须在与权力的关系中获得理解。"所以，老子言"圣（人执）右介"，在现实政治环境中则指真正掌权的君主。如果说"圣人"是"道"的理想体现者，那么现实的君主则是"道"的实行者。

现实的君主常常"无德司彻"，像收税的人那样苛刻索取。老子对统治者既有批判，又寄以希望，不断以圣人之道、天之道相告诫，就是期望现实的君主能够施行圣人之道，以德报怨。

【原文】

甲本：和大怨，必有余怨，焉可以为善？是以圣右介①，而不以责②于人。故有德司介③，□德司彻④。夫天道无亲，恒与善人⑤。

乙本：禾大□□□□□□□□为善？是以圣人执左芥，而不以责于人。故又德司芥，无德司彻。□□□□□□□□。

河本：和大怨，必有余怨，安可以为善？是以圣人执左契，而不责于人。有德司契，无德司彻。天道无亲，常与善人。

王本：和大怨，必有余怨，安可以为善？是以圣人执左契，而不责于人。有德司契，无德司彻。天道无亲，常与善人。

【注释】

①是以圣右介：此句据帛书乙本、河本、王本校，"圣"字后脱"人执"二字，完整句为"是以圣人执右介（契）"，译为因此，有道的圣人拿着借据，却不以此强迫人还债。帛书甲本"介"与乙本"芥"俱为"契"之借字，意思是契据。古人刻木为券，一分为二，右契为尊，为债权人；左契为卑，为债务人。因此，帛书甲本"右介（契）"为正确，本书其他三个版本写为"左芥（契）"为误。

②责：索取偿还，即债权人向负债人索取所欠的东西。

③司介：掌管契据的人。

④司彻：掌管税收的官职。彻，"撤"的古字，通"彻"，指周代的税法。

⑤夫天道无亲，恒与善人：天道对任何人都没有偏爱，但它总是与那些顺应天道、善于行道的人相契合。无亲，无偏爱。善，善于。

【译文】

调解深重的仇怨，必然会留下残余的怨恨，这怎么算是做好事呢？因此，有道的圣人拿着借据，却不以此强迫别人还债。所以，有"德"之人就像持有借据的人那样宽容，没有"德"的人就像掌管税收的官员那样苛刻。天道对任何人都没有偏爱，但它总是与那些顺应天道、善于行道的人相契合。

道　经

第一章

【题解】

本章是道经之首，具有统领全书的纲领性作用。

老子哲学观的一个突出贡献在于提出了一个超越天地万物，无声无象，无形无质，周行天地间而独立不受束缚的抽象概念"道"。这个"道"是宇宙万物的本源，创生万物，它的存在对人来说是不可知、不可言说的。"道"具有无限、超越人认知的特点，是无法被人命名的。因此，"道"不可以被言说，也无法被命名。凡是可言说的道，可称名的名，都不是那个永恒存在的"道"，也不是永恒"道"的"名"。

当"道"落到人的认知范围内时，必然需要被命名和言说。"道"本是无名的，浑朴而一，是万物的根源。如果不给"道"以"道"名，我们就无从认识、描述、追问它。赋予对象以"名"，是我们认识事物的基本方式。当强为"道"命名的时候，所以又说"有名"，称之为"万物之母"，因"道"化育的万象可名状、可描摹。"无名，万物之始也；有名，万物之母也。"历来还有一种句读："无，名万物之始也；有，名万物之母也。"无，指"道"混沌虚无的存在状态。有，指"道"由虚无变成了实有的存在状态。

"观"是老子认为认识"道"的一种方式。"恒无欲也，以观其眇；恒有欲也，以观其所噭。""无欲""有欲"指人的两种观道方式。以无欲之心领悟无名之"道"的奥妙，以有欲之心察看有名之"道"的端倪、作用。

最后，老子说："两者同出，异名同胃，玄之又玄，众眇之门。""两者同出"，"无欲"与"有欲"，"无名"与"有名"，二者皆源于"道"这一终极本体。老子强调现象层面的对立统一性，本质同源于道。"异名同胃"，名称虽异，所指却一。此句通过否定二元对立，揭示世间差异是名相分别的结果，实则统一于"道"的绝对性,体现出老子超越表象的辩证思维。"玄之又玄,众眇之门",重复说"玄",强调其超越理性认知的层次;而"众眇之门"则指万物生成与运行的终极规律皆需通过体悟"道"的玄奥本质才能把握。这句话通过语言结构的递进,既构建了道的本体论框架,又暗示了修心体道的实践路径,是理解老子哲学的关键。

【原文】

甲本:道,可道也,非恒道也①。名,可名也,非恒名也②。无名,万物之始也;有名,万物之母也③。□恒无欲也,以观其眇④;恒有欲也,以观其所噭⑤。两者同出,异名同胃⑥,玄⑦之有玄,众眇之□。

乙本:道,可道也□□□□□□□□□恒名也。无名,万物之始也;有名,万物之母也。故恒无欲也□□□□恒又欲也,以观其所噭。两者同出,异名同胃,玄之又玄,众眇之门。

河本:道可道,非常道。名可名,非常名。无名,天地之始;有名,万物之母。故常无欲,以观其妙;常有欲,以观其徼。此两者同出而异名,同谓之玄,玄之又玄,众妙之门。

王本:道,可道,非常道。名,可名,非常名。无名,天地之始;有名,万物之母。故常无欲,以观其妙;常有欲,以观其徼。此两者同出而异名,同谓之玄,玄而又玄,众妙之门。

【注释】

①道,可道也,非恒道也:道,如果能被言说就不是永恒不变的道。第一个"道"为名词,指道理;第二个"道"为动词,意为言说。恒道,永恒不变的道。恒,河本、王本都作"常",是为了避汉文帝刘恒的名讳,可见帛书本更早。

②名,可名也,非恒名也:名,如果能被命名就不是永恒不变的名。第一个"名"为名词,指具体事物的名称;第二个"名"为动词,意为称名。恒名,永恒不变的道之名。

③无名,万物之始也;有名,万物之母也:"无名"("道"最初的形

态，一种没有名字、无法言说的状态），就是天地宇宙最开始的样子；"有名"（"道"有了具体的形象、概念和名称时的状态），是万物得以产生和区分的根源。无名、有名，喻指"道"。

④眇：幽微、微小。王弼注云："妙者，微之极也。"

⑤噭：作"徼"，边际，引申为端倪的意思。

⑥两者同出，异名同胃：无与有这两者，只不过是同一来源的不同名称罢了。胃，作"谓"。

⑦玄：指深远神妙的一种状态，对"道"的形容。

【译文】

道，如果能被言说就不是永恒不变的道。名，如果能被命名就不是永恒不变的名。无名，就是天地宇宙最开始的样子；有名，是万物得以产生和区分的根源。所以，恒常无所求，来领悟道的奥妙；恒常有所求，来体察道的端倪。无与有这两者，只不过是同一来源的不同名称罢了。玄妙之中的玄妙，即宇宙间一切奥妙的门径。

第二章

【题解】

本章集中表现了老子对立统一的辩证法思想，不过这未必是本章的主旨。"居无为之事，行不言之教"更契合本章的价值核心。

第一章老子用抽象的概念说明"道"的存在和特性，它是一个整体，不可分割，它有不同的存在状态、表现形式，故说"异名同胃"。本章老子以描述性的语言举例人们日常生活中相对的事物：美丑、善恶、有无、难易、长短、高下、音声、前后，这一系列对立而又统一的概念表明人类世界充满了相对性。这种相对、辩证观恰恰与"道"的存在状态相反。"道"是浑然一体的，是"一"，而人的认识大多充满主观的是非判断。比如，"美与恶（丑）""善与不善（恶）"都是以人的判断来断定的，与人的认知相联系，并不是对"道"的真正认识。

老子认为"道"无分别之心，无美善、是非之分，这并非要泯灭是非善恶，而是超越这种对立的状态，指向"道"的浑朴，达到"无为"的境界。"自然无为"之境可以超越对立，是老子所肯定的价值追求。因此有道的圣人行不言之教，"不言之教"是对"道"的昭示，其方法即以"无为"为其所从事。这"无为"不是无所事事，而是"万物昔而弗始也，为而弗志也，成功而弗居也。"圣人没有功利之心辅佐万物、成全万物，既无所图，也就无所失，全然超越了人心的分别。

【原文】

甲本：天下皆知美为美，恶已；皆知善，訾^①不善矣。有无^②之相生也，难易之相成也，长短之相刑^③也，高下之相盈^④也，意声之相和也^⑤，先后之相隋⑥，恒也⑦。是以声人⑧居无为之事，行□□□□□□□□□□也，为而弗志也⑨，成功而弗居也⑩。夫唯居⑪，是以弗去。

乙本：天下皆知美之为美，亚⑫已；皆知善，斯不善矣。□□□生也，难易之相成也，长短之相刑也，高下之相盈也，音声之相和也，先后之相隋，恒也。是以人居无为之事，行不言之教⑬。万物昔⑭而弗始⑮，为而弗侍也，成功而弗居也。夫唯弗居，是以弗去。

河本：天下皆知美之为美，斯恶已。皆知善之为善，斯不善已。故有无相生，难易相成，长短相形，高下相倾，音声相和，前后相随。是以圣人处无为之事；行不言之教。万物作焉而不辞，生而不有，为而不恃，功成而弗居。夫惟弗居，是以不去。

王本：天下皆知美之为美，斯恶已；皆知善之为善，斯不善已。故有无相生，难易相成，长短相较，高下相倾，音声相和，前后相随。是以圣人处无为之事，行不言之教。万物作焉而不辞，生而不有，为而不恃，功成而弗居。夫唯弗居，是以不去。

【注释】

①訾：通"此"，与"斯"同义，为指示代词。

②有无：指事物或隐或显。

③刑：通"形"，显明。

④盈：通"呈"，呈现。河本、王本避汉惠帝刘盈名讳，改为"倾"。

⑤意声之相和也：音和声彼此应和。意，作"音"，系抄写之误。音声，单一发声为"声"，声形成节奏，称为"音"。《乐记》："声成文谓之音。"

⑥隋：作"随"，其后脱漏"也"字，当补。"相隋"即"相随"，相互追随。

⑦恒也：对前文的概述。帛书甲、乙本均有"恒也"，河本、王本均无。

⑧声人：即"圣人"。

⑨为而弗志也：抚育万物却不自以为有恩德。帛书甲本"志"与乙本"侍"皆为"恃"的借字。恃，德。

⑩成功而弗居也：功成业就而不居功。王弼注云："因物而用，功自彼成，

故不居也。"

⑪ "唯"后脱漏"弗"字，当依上下文意及其他版本补上。

⑫ 亚：通"恶"，指丑。

⑬ 行不言之教：实行非形式条规的教化。言，指发号施令。

⑭ 昔：同"作"。

⑮ 帛书乙本"弗始"，河本、王本作"不辞"。辞，通"始"，"始"为本字。

【译文】

天下人都知道美之所以为美，那是因为有丑的存在；天下人都知道善之所以为善，那是因为有恶的存在。有和无互相转化，难和易互相促成，长和短互为显现，高和下互为显示，音和声彼此应和，先和后彼此相随——这是永恒的。所以有道的圣人用"无为"的法则来处理世事，实行非形式条规的教化。对万物的自然兴起不加干涉，抚育万物却不自以为有恩德，功成业就而不居功。正由于不居功，因此他的功绩就不会失去。

第三章

【题解】

如果说第二章谈"无为"之教，第三章则把"无为"引向政治，言"无为之治"的内容。

有道的圣人或理想的君主"不上贤"。这里的"贤"指"知""智""才"。"道"创生万物"各因其宜"，并无贤与不贤之分。但若君主看重"贤"，就会使百姓因不如人而感到羞耻，争相谋取虚名与禄位，即让百姓欲有所为。上有所看重、推崇，下就会有所竞争、攫取，激发人们在自然之欲之外的贪欲，让白姓陷溺于外物之中，随之而来的就是争、盗。老子认为，那些导致民心败乱的东西都是上有所"尚""贵"，因此统治者不使其所欲表现出来，则百姓不会惑乱。

圣人是理想的有道者，能够"法天地"以治国，"虚其心""弱其志"可与第二十章的"我禺人之心也，蠢蠢呵"相参照，就是使百姓拥有"禺人之心"，无智巧之心。"实其腹""强其骨"在于满足人的基本需求，"恒使民无知无欲也"不是消除人的一切欲望，而是使百姓保持在素朴的状态中。老子并不反对人的自然之欲，而是反对为满足贪欲、攫取利益不惜使用机巧、欺压和暴力。换言之，老子反对的是"人为"。

最后，对圣人之治的总结就是以"无为"的态度进行治理，没有治理不好的事。

【原文】

甲本：不上贤^①□□□□□□□□□□□□□□民不为□□□□□□□□民不乱。是以声人之□□□□□□□□□□□□强其骨。恒使民无知无欲也，使□□□□□

□□□□□□□□□。

乙本：不上贤，使民不争^②。不贵^③难得之货，使民不为盗。不见可欲^④，使民不乱。是以圣人之治也，虚其心，实其腹，弱其志，强其骨^⑤。恒使民无知^⑥无欲也，使夫知不敢，弗为而已，则无不治矣。

河本：不尚贤，使民不争；不贵难得之货，使民不为盗。不见可欲，使心不乱。是以圣人治：虚其心，实其腹，弱其志，强其骨。常使民无知无欲，使夫智者不敢为也。为无为，则无不治。

王本：不尚贤，使民不争。不贵难得之货，使民不为盗。不见可欲，使民心不乱。是以圣人之治，虚其心，实其腹，弱其志，强其骨。常使民无知无欲，使夫智者不敢为也，为无为，则无不治。

【注释】

①不上贤：不树立贤明的榜样。上，与"尚"相通，推崇。贤，有德的人。

②不争：不相争。河上公注："不争功名，返自然也。"

③贵：看重，以……为贵。

④不见可欲：不炫耀使人起贪欲的事物。见，通"现"，显露，此处引申为炫耀。

⑤虚其心，实其腹，弱其志，强其骨：使百姓的心灵虚静，使百姓的体腹温饱，使百姓的欲念减少，使百姓的体魄强健。王弼注云："心怀智而腹怀食，虚有智而实无知也。"虚，使……虚静。实、弱、强都是这种用法。志，意念，贪欲。

⑥无知：即无智，没有伪诈的心智。王弼注云："守其真也。"

【译文】

不推崇有才德的人，使百姓不为此相争；不珍爱难得的财物，使百姓不去偷盗；不炫耀足以引起贪欲的事物，使民心不被迷乱。因此，圣人的治理原则是：使百姓的心灵虚静，使百姓的体腹温饱，使百姓的欲念减少，使百姓的体魄强健。永远使百姓没有伪诈的心智，没有争盗的欲望，使一些自作聪明的人不妄为生事。圣人按照"无为"的原则去做，这样天下就没有治理不好的了。

第四章

【题解】

本章是老子对道的形态、功用的描述。

老子的"道"没有规定的框架，包含了无限丰富的可能性。正因为"道"的无限性，所以"道"才能囊括万物，创造万物，成为"万物之宗"。

"虚"是对"道"本体的描述，它并不就是空无，它的里面蕴藏着无数创造因子，表明"道"的作用的不可穷尽，体现了"道"的无限性。"道"以虚为用，空虚深邃，用之不竭。"挫其锐，解其纷，和其光，同其尘。"这句话的主体是万物（包括人）还是"道"没有定论。如果认为主体是万物（包括人），则是挫万物锋芒，消解万物纷争，柔和万物光耀，混同万物与尘世。如果认为主体是"道"，则是"道"自挫己锐、自解己纷、自和己光，与万物同尘。

本章重在论"道"，而且老子所论的"道"虽然是万物之宗，却从不干涉万物，表现了"道"某种外在的主宰的力量，这不符合"道"的特性。无论是"道"还是得"道"的圣人，都是自己本身效法"自然"来引导万物、百姓归"朴"的。

最后，老子认为"道"是比人们以为主宰万物的天帝更早的存在。老子并没有否定天帝的存在，而是把"道"置于天帝之上，再次强调了"道"是万物的本源。

【原文】

甲本：□□□□□□□盈也。潇呵，始万物之宗①。锉其□，解其纷，和其光，同□□□□□或存。吾不知□□□子也，象帝之先。

乙本：道冲，而用之有弗盈也②。渊③呵，似万物之宗。锉其兑，解其芬，和其光，同其尘④。湛⑤呵似或存，吾不知其谁之子也，象帝之先⑥。

河本：道冲而用之，或不盈。渊乎似万物之宗。挫其锐，解其纷，和其光，同其尘。湛兮似若存。吾不知谁之子，象帝之先。

王本：道冲，而用之或不盈。渊兮，似万物之宗。挫其锐，解其纷，和其光，同其尘。湛兮似或存，吾不知谁之子，象帝之先。

【注释】

①宗：主宰。

②道冲，而用之有弗盈也：大"道"空虚无形，但它的作用不会穷尽。冲，通"盅"，与"盈"相对，空虚。这里喻指"道"的不可穷尽。用之，即用盅。盈，通"逞"，穷尽。

③渊：深邃。

④锉其兑，解其芬，和其光，同其尘：折去自己的锋锐，消除自己的纷扰，柔和自己的光耀，使自己混同尘世。锉，通"挫"，折去，消磨。兑，通"锐"，锋锐。解，排解、消除。芬，"纷"的借字，纷争。尘，尘世。此句中的四个"其"字，都是说的道。这四句与第五十六章的"塞其兑，闭其门，和其光，同其尘，锉其兑而解其纷"高度相似，陈鼓应考证认为本章出现的这四句属于错简重出，从上下文意来看，上句"渊呵，似万物之宗"与"湛呵似或存"正相对文，文意明显更为贯通。

⑤湛：隐没。这里用来形容"道"隐没于冥暗之中，不见形迹。

⑥象帝之先：似乎是天帝的祖先。象，似乎。帝，天帝。先，祖先。另外，"象"解释为显象，出现；"先"解释为先前。此句译为出现在天帝之前，也通。

【译文】

大"道"空虚无形，但它的作用却不会穷尽。深邃啊！它好像万物的祖先。折去自己的锋锐，消除自己的纷扰，柔和自己的光耀，使自己混同尘世。"道"看起来隐秘虚无又好像实际存在。我不知道它从何而生，似乎是天帝的祖先。

第五章

【题解】

　　本章论及"天地"，实则依然是在论"道"。"天""地""圣人"皆取法于"道"。言"天地不仁""圣人不仁"，其实在说"道"不仁。

　　"道"超越了伦理的仁爱，对众生一视同仁，它的一切作为，只不过是遵循自然之道而自然发生。"刍狗"指缚草为狗的形状，祭祀以求福，用完了就扔弃或焚毁。"天地"看待万物同草狗一样，既无心施恩于万物，也没有想从万物那里取回什么报酬，所以天地的仁顺其自然，无私无偏。圣人取法天道，对待百姓就应该像天地对待万物一样，把百姓视同刍狗一样的自然之物，对他们不强加干扰，顺其自然。

　　"橐龠"，鼓风吹火的器具。抽动风箱，空气便会流动。老子用"橐龠"来说明天地之间是一个虚空的器皿，正是因为虚空，可以使阴阳之气相荡其间，"（万物负阴而抱阳），中气以为和"（第四十二章），因此天地间生机不断。老子言"橐龠"的功用意在说明"天地""道"的不仁不是冷漠，是善于"辅万物之自然"（第六十四章）。"天地""圣人"的不仁体现了"道"的至仁。人所谓的仁与不仁，就如同第二章所说的美丑、善恶、有无、难易、长短、高下、音声、前后一样，都是对立统一而存在的，但是"道"超越相对的世界，虚静、淡泊、无所分别。

　　老子最后说"多闻数穷，不若守于中"就像劝导一般，劝导世人不要多闻、议论纷纷，而是身体力行地效法天道的虚静无为。

【原文】

　　甲本：天地不仁，以万物为刍狗①；声人②不仁，以百省③□□狗。天地

□□□犹橐籥④与？虚而不漏，蹱而俞出⑤。多闻数穷，不若守于中⑥。

乙本：天地不仁，以万物为刍狗；人不仁，□百姓为刍狗。天地之间，其犹橐籥与？虚而不漏，勤而俞出。多闻数穷，不若守于中。

河本：天地不仁，以万物为刍狗；圣人不仁，以百姓为刍狗。天地之间，其犹橐籥乎？虚而不屈，动而愈出。多言数穷，不如守中。

王本：天地不仁，以万物为刍狗；圣人不仁，以百姓为刍狗。天地之间，其犹橐籥乎？虚而不屈，动而愈出。多言数穷，不如守中。

【注释】

①天地不仁，以万物为刍狗：天地无所偏爱，对待万事万物就像对待草狗一样一视同仁。不仁，无所偏爱。刍狗，用草扎成的狗，祭祀所用。

②声人：作"圣人"。

③省：作"姓"。

④橐籥（tuó yuè）：古代冶炼用的风箱和风箱上吹火的竹筒。王弼注："橐籥之中，空洞，无情，无为。"

⑤虚而不漏，蹱而俞出：（风箱）虽然中空但永无穷尽，越鼓动风量便越多。漏，通"屈"，穷，尽。河上公注："言空虚无有屈竭时。"蹱，通"动"。俞，通"愈"。

⑥多闻数穷，不若守于中：博闻多智速见衰颓，不如守持虚静。多闻，博学。数穷，急速穷尽，数，通"速"。中，中虚，虚静。河本、王本都作"多言数穷，不如守中"，多言指政令烦苛。此句可译为"政令烦苛就会迅速走向衰亡，不如持守虚静"，也通。

【译文】

天地无所偏爱，对待万事万物就像对待草狗一样一视同仁。圣人没有偏爱，也同样像对待草狗那样对百姓一视同仁。天地之间，岂不像一个风箱？虽然中空但永无穷尽，越鼓动风量便越多。博闻多智速见衰颓，不如守持虚静。

第六章

【题解】

本章以谷喻"道"，阐述"道"孕育万物、生生不息之德。

山谷的地形多低洼、中空，正因低洼，便可汇聚江河；正因中空，便可使他物生养其上。山谷表现了"道"的冲虚，包孕万物。"牝"意为"雌性的"，这里引申为造化天地、生育万物的根源，象征"道"的幽远深妙，具有创生性。

"浴（谷）神不死，是胃（谓）玄牝。玄牝之门，是胃（谓）天地之根。"是说"道"冲虚不盈，包含和深藏着能够生发万物的玄妙功能，而"道"孕育、生发万物的趋势和因子是万物产生的根源。

"緜緜（绵绵）呵其若存，用之不堇（勤）"就是老子在前一章说的"虚而不淵（屈），蹱（动）而俞（愈）出"，体现了"道"的作用不可穷尽，生生不息，绵绵不绝。

【原文】

甲本：浴神□死，是胃玄牝①。玄牝之门，是胃□地之根。緜緜②呵若存，用之不堇③。

乙本：浴神不死④，是胃玄牝。玄牝之门，是胃天地之根。緜緜呵其若存，用之不堇。

河本：谷神不死，是谓玄牝。玄牝之门，是谓天地根。绵绵若存，用之不勤。

王本：谷神不死，是谓玄牝。玄牝之门，是谓天地根。緜緜若存，用之不勤。

【注释】

①玄牝（pìn）：万物之母。玄，形容化生万物的"道"深微、幽眇。牝，雌性的。

②緜緜：作"绵绵"，绵密不断。

③堇：通"勤"，穷尽。

④浴神不死："道"空虚变化永存不灭。浴，作"谷"，山谷，形容虚空，指"道"冲虚卑下。神，指"道"变化莫测。不死，指"道"永存不灭。

【译文】

"道"空虚变化永存不灭，这就是幽微玄妙的万物之母。玄妙的万物之母，就是天地的本源。它绵绵不绝地存在着，作用是无穷尽的。

第七章

【题解】

本章以天道喻人道，前面讲天道的规律、法则，后面则将天道引申到社会、人生，告诫每一个人应遵循的理念和法则。

老子在论述时，通常先讲"道"，然后向天地、圣人、王侯过渡，这符合《道德经》书中一贯的思维逻辑，即以"道"为中心，辐射开来，看天地、看人生、看政治。从"道"的角度看，人不是规律的中心，不是世间万事的裁判者，人在"道"面前只是一个学徒。从"人"的角度看，老子言说宇宙之道，依然是要在宇宙根源的地方寻找人真正的安身立命所在。

"道"是无，天地万物是有，是属于物的存在。在"道"与物的关系中，天地与人都属于物的存在。在"道"与人的关系中，天地扮演着重要角色。天地或天道虽然不是"道"本身，但天地不出自人为，能更充分地体现"道"的某些特性，天地的规律也体现"道"的作用。同时，天地有形有名，更容易使人理解，成为人效法"道"的中介。因此，在论述人事时，天地常常就是"道"的代表，也是圣人仿效的对象。

天地能够在时间和空间中永恒存在着，不是为了自己。天地的长存对万物和人类意义重大，《道德经》第三十二章中云"天地相合，以俞甘洛，民莫之令而自均焉"，因此天地能够长久。自然天地没有主观意志，其无私成其私，是自然客观的呈现。圣人效法天地，放下自己的私利，不计个人得失，去为百姓做事，服务百姓，也会像天地一样长生且赢得百姓的爱戴。有人认为这是老子的权谋之术，以"无私"为手段，来达到"成其私"的目的，这是对老子原意的曲解，也与老子反对虚伪、欺诈、私欲的思想相违背。

【原文】

甲本：天长地久。天地之所以能□且久者，以其不自生①也，故能长生。是以声人芮其身而身先②，外其身而身存。不以其无□舆？故能成其私③。

乙本：天长地久。天地之所以能长且久者，以其不自生也，故能长生。是以人退其身而身先，外其身而身先，外其身而身存。不以其无私舆？故能成其私。

河本：天长地久。天地所以能长且久者，以其不自生，故能长生。是以圣人后其身而身先，外其身而身存。非以其无私耶？故能成其私。

王本：天长地久。天地所以能长且久者，以其不自生，故能长生。是以圣人后其身而身先，外其身而身存。非以其无私邪？故能成其私。

【注释】

①不自生：不为自己而生，这里指不为自己而运行。

②是以声人芮其身而身先：因此，有道的圣人遇事谦退无争，反而能得到众人的推崇而占取领先地位。声人，作"圣人"。芮，"退"的借字，谦退。河上公注："先人而后己者也，天下敬之先以为长。"

③成其私：成就他自己。

【译文】

天地是长久存在的。天地能长久存在，是因为它们不为自己而运行，所以能够永远存在。因此，有道的圣人遇事谦退无争，反而能得到众人的推崇而占取领先地位；将自己置之度外，生命反而能得以保全。这不正是因为他无私吗？所以能成就他自己。

第八章

【题解】

此章以水喻"道"，最高尚的道德和水相似，通过论说水的特性，使人对"道"有所领悟。

老子认为水的特质与"道"的某些方面相契合，比如水之利物精神与"道"的利而不害有相似之处；水总是往低洼之处流，也就是"居众人之所恶"之地，正如道之行"功遂身退"（第九章），往幽深之处；水本性清静与"道"之"（归根曰）静，是胃复命"（第十六章）相合等。水是"道"之德的体现。

水有七善，分别是："居善地，心善渊，予善天，言善信，正善治，事善能，动善时。""居善地"：江流处低洼处能不择细流，覆盖差异，容纳百川。"心善渊"：渊指静谧而幽深。第四章云"渊呵，似万物之宗。"渊是"道"的品质，水之心像渊那样沉静可容，如"道"之高深，妙不可识。"予善天"：水的施与像天那样"仁"。天地不仁，施与万物没有私心和分别；水润泽万物，不求回报。"言善信"：所谓"言"乃不言之言。水不言，但以其所作所为来言，更表明了言行一致的诚信品质。以水喻"道"，"道"不言，以无为为宗，终是以其不言而言。"正善治"：一说，正指清静之道，治即平和、平顺，水之清静善于和洽平顺。一说，以正为政，水为政顺柔，不仅能包容万物，还能实现万物的平衡，使万物达到"和"的状态。"事善能"：水之柔弱可以达到水滴石穿的效果，正如弱者"道"之用。"动善时"：水顺应物的变化，适时进退、任其自然，正如"道"的无为，由于不争的品德而无所怨咎，不争所以天下莫能与之争。

甲本：上善治①水，水善利万物而有静②。居众之所恶③，故几于道④矣。居善地⑤，心善潚⑥，予善□，□□信，正⑦善治，事善能，蹱善时⑧。夫唯不静，故无尤⑨。

乙本：上善如水，水善利万物而有争。居众人之所亚，故几于道矣。居善地，心善渊，予善天⑩，言善信⑪，正善治，事善能，动善时。夫唯不争，故无尤。

河本：上善若水，水善利万物而不争。处众人之所恶，故几于道。居善地，心善渊，与善仁，言善信，正善治，事善能，动善时。夫唯不争，故无尤。

王本：上善若水，水善利万物而不争。处众人之所恶，故几于道。居善地，心善渊，与善仁，言善信，正善治，事善能，动善时。夫唯不争，故无尤。

【注释】

①治："似"的借音，亦可解为"治理"，译为最高的善就像治水一样，也通。

②有静：指水具有清静、无为的特性。帛书乙本作"有争"，河本、王本都作"不争"，"有争"颇费解，可能是误抄所致。

③居众之所恶：甘居于人所厌恶的低处。王弼注云："人恶卑也。"居，居住、停留。

④几于道：接近于道。

⑤居善地：水喜好居于下。地，下。

⑥心善潚：心胸深远博大。潚，同"渊"，形容沉静。

⑦正：通"政"。一说，"正"指水以静为其正态。

⑧善时：任其自然，自作自息。

⑨夫唯不静，故无尤：正因为有不争的美德，所以没有过失。静，可能为"争"之误，或者是将"有静"误写成"不静"，否则文意费解。尤，怨咎。

⑩予善天：施与恩惠喜欢像天那样功成身退。

⑪言善信：说话喜好诚实守信。

【译文】

最高的善好像水一样。水善于滋润万物而保持清静无为，停留在众人都不喜欢的地方，所以最接近于"道"。怀有最高的善的人，总是善于选择环境，心胸深远博大，施与恩惠喜欢像天那样功成身退，说话喜好诚实守信，为政善于使天下安定太平，处事善于发挥特长，行动善于依时而动。正因为有不争的美德，所以没有怨咎。

第九章

【题解】

老子看到了人的欲望、意志具有二重性：一方面，人是有各种欲望的，不仅需要物质的满足，还要充满智慧，希望不断改善生活、追求生命品质，达到理想的目标。另一方面，人的欲望和智慧并不都是积极和理性的，常常因为过分的欲望、过多的目的，陷入冒进、妄为之中，无视自身和事物本身发展的规律，最终可能导致大的损失。

任何事物的发展按照自然规律由弱到壮、由壮而衰，一旦超过了某个界限，事物就会在发展中物极必反，乐极生悲。不少历史经验表明，功高盖主、名重一时达到一定程度，就会招致祸患。

老子不断强调人们效法"道"的无为、不争，就是避免欲望的过度膨胀，防止不当的意念行为对自我和他人造成不利，不如趁早停止追逐盈满的欲念，或者从一开始就以不争的心态淡泊处事。

"功遂身退"不是一种消极自保的无奈心态，而是对"道"觉悟后，认识社会、人生规律后，自然、轻松、平静地效法天道的"（生而）弗有也，为而弗寺也，长而弗宰也"（第五十一章）。做成功业而不以为有功，拥有财富而不自恃傲物，光而不耀，和光同尘。

【原文】

甲本：揾而盈之^①，不□□□□□兑□之□可长葆之。金玉盈室，莫之守也。贵富而骄^②，自遗咎也。功述身芮，天□□□。

乙本：揾而盈之，不若其已^③。掘而兑之^④，不可长葆也。金玉□室，莫之能守也。贵富而骄，自遗咎也。功遂^⑤身退，天之道也。

河本：持而盈之，不如其已。揣而锐之，不可长保。金玉满堂，莫之能守。富贵而骄，自遗其咎。功成名遂身退，天之道。

王本：持而盈之，不如其已。揣而棁之，不可长保。金玉满堂，莫之能守。富贵而骄，自遗其咎。功遂身退，天之道。

【注释】

①植而盈之：储聚（财货）以致满盈。植，"持"的别字。帛书整理者作"殖，从木之声"，《广雅·释诂》："殖，积也。"意亦通。盈，满。

②咎：灾难。

③不若其已：不如及早停止。已，停止。王弼注云："持，谓不失德也。既不失其德，又盈之，势必倾危。故不如其已者，谓乃更不如无德无功者也。"

④掫而兑之：捶打（铁器）使之锐利。掫，"揣"的别字，捶打。兑，同"锐"，锋利。

⑤遂：成。

【译文】

储聚（财货）以致满盈，不如适可而止。捶打（铁器）使之锐利，锐势难以保持长久。纵然金玉堆满房屋，谁也无法常守不失。如果富贵到了骄横的程度，就会给自己留下祸根。功成身退，这才符合自然的规律。

第十章

【题解】

　　老子认为"道"以无生有，由一生二，产生阴阳之气。万物莫不负阴抱阳，达到生命的理想状态，即阴阳之气调和，形神相守为一。"营袙（魄）抱一"，就是使身体与精神合一；"枺（抟）气致柔"，就是聚集精气到最柔和的地步。老子认为最符合阴阳相合、形神相守的就是婴儿。

　　老子在第五十五章借"赤子（婴儿）"为例，说明了阴阳调和的重要性，"和曰常，知和曰明"，阴阳相和是"道"的体现，是永恒之理，知晓永恒之理才是明智。达到"抱一""致柔"的"和"也就是达到"道"，其根源在于做到了"修除玄蓝"，涤除一切欲望、智虑等，才能观道、见道，达至与"道"为一的境界。将"道"的德性推衍到治国，爱国治民不用智谋、心机，而以恃弱守雌、明达事理来无为而治。

　　老子推崇的是玄妙的"道"，是自然无为的政治，是见素抱朴的人生。一个圣人或君主修身与治国是相通的，从自身的"营袙抱一""枺气至柔"和"修除玄蓝"做起，而后推而及治国，都集于守"道"修"德"。

　　最后一句话说明了圣人守"道"之极限便是"生之畜之，生而弗有，长而弗宰也"，这是最高的"道"之德，"是谓玄德"。

【原文】

　　甲本：□□□□□□□□□□□□□能婴儿乎？修除玄蓝，能毋疵乎^①？□□□□□□□□□□□□□□□□□□生之畜之，生而弗□□□□□□□□德。

　　乙本：载营袙抱一^②，能毋离乎？枺气至柔^③，能婴儿乎？修除玄监，能毋有疵乎？爱民栝④国，能毋以知⑤乎？天门⑥启阖，能为雌⑦乎？明白四达⑧，能毋以知乎？生之畜之，生而弗有，长而弗宰也⑨，是胃玄德⑩。

河本：载营魄抱一，能无离？专气致柔，能婴儿？涤除玄览，能无疵？爱民治国，能无为？天门开阖，能为雌？明白四达，能无知？生之畜之，生而不有，为而不恃，长而不宰，是谓玄德。

王本：载营魄抱一，能无离乎？专气致柔，能婴儿乎？涤除玄览，能无疵乎？爱民治国，能无知乎？天门开阖，能无雌乎？明白四达，能无为乎？生之畜之，生而不有，为而不恃，长而不宰，是谓玄德。

【注释】

①修除玄蓝，能毋疵乎：涤除杂念而深入观察心灵，能没有瑕疵吗？修除，同"涤除"，"修"与"涤"古音同。蓝，作"鉴"，玄蓝，指心灵深处如明镜。疵，瑕。

②载营袘抱一：精神和身体合一。载，语助词，与"夫"字的用法差不多。营，住处，身体是灵魂的寄居之所，这里把身体叫"营"。袘，作"魄"。抱一，合一。

③抟气至柔：聚合精气归于柔和。抟，作"抟"，聚合。

④栝：通"治"。

⑤毋以知：不用智。以，用。知，同"智"。

⑥天门：耳、目、口、鼻等感官。

⑦为雌：守静。王本此处作"无雌"，义不可通，当是"为雌"。

⑧明白四达：明白天下的事理。

⑨"生之畜之，生而弗有，长而弗宰也"一句，与第五十一章一句高度类似，据陈鼓应考证，放在那一章更合适，这一章疑为错简重出。

⑩玄德：最高尚的品德。

【译文】

精神和身体合一，能永不分离吗？聚合精气归于柔和，能像婴儿一样吗？涤除杂念而深入观察心灵，能没有瑕疵吗？爱民治国，能不用智谋巧计吗？感官接受外界的刺激，能坚守住宁静吗？明白天下事理，能不玩弄心智吗？道孕育万物，畜养万物。孕育万物而不占有，畜养万物而不主宰万物，这就是最高尚的品德了。

第十一章

【题解】

本章说明"有"与"无"的辩证关系，亦是对"道"的一种诠释。辐是古代车轮上的辐条，毂是车轮中间连接辐条的圆木。在轮毂中留出三十个孔洞，插入辐条，这样才能够保证车轮正常运转。轮毂中的中空是"无"，三十辐共一毂是为了使"无"发生作用，如此才有了车轮之用。此处的"无"指中空无物的状态，"有"指整体用处。可以说，"无"成就了事物的作用、用途，"有"体现了事物的价值。用黏土做器皿和建筑房子都体现了"实有"可以作为工具、利器，"虚无"可以作为目的、用途。

有、无存在于具体的事物之中，成为事物对立统一的两个方面，两者相互依存。在具体的事物中，正是因为事物的"无"（中空）才产生"有"（整体的用处），因此"有（生）于无"（第四十一章）。同时，人们正是因为需要"有"（产生用处）才有了"无"（创造中空），因此"无生于有"。如此便是"有无之相生"（第二章），即有生于无，无生于有。

【原文】

甲本：卅□□□□□其无，□□之用□。燃埴为器^①，当其无，有埴器□□□□□□当其无，有□□用也。故有之以为利，无之以为用^②。

乙本：卅楅同一毂^③，当其无^④，有车之用也。燃埴而为器，当其无，有埴器之用也。凿户牖^⑤，当其无，有室之用也。故有之以为利，无之以为用。

河本：三十辐共一毂，当其无，有车之用。埏埴以为器，当其无，有器之用。凿户牖以为室，当其无，有室之用。故有之以为利，无之以为用。

王本：三十辐共一毂，当其无，有车之用。埏埴以为器，当其无，有器之用。凿户牖以为室，当其无，有室之用。故有之以为利，无之以为用。

【注释】

①埏埴为器：揉和陶土做成的器皿。埏，"埏"字别体。河上公注云："埏，和也；埴，土也；和土以为饮食之器。"

②故有之以为利，无之以为用：所以，"有"给人便利，"无"发挥作用。利，便利。用，功用。

③卅辐同一毂：三十根辐条穿在一个轮毂上。卅，三十。辐，通"辐"，连接车轮轴心和轮圈的木条。古时候的车轮有三十根辐条。毂，车轮中心插轴的圆孔。

④无：毂中空之处。

⑤凿户牖：开凿门窗。凿，开凿。户牖，门窗。

【译文】

三十根辐条穿在一个轮毂上，轮毂中间必须留出空处，才能装上车轴，使车轮能转动。揉和黏土，制成器皿，有了其间的中空，器皿才能有盛放物品的作用。开凿门窗建造房屋，有了门窗四壁间的中空，房屋才能有居住的作用。所以，"有"给人便利，"无"发挥作用。

第十二章

老子认为自然是万物最终的归宿。第二十五章云："人法地，地法天，天法道，道法自然。"自然是"道"自己的状态，是"道"的本性。"道"因自己的本性，无意识、无目的地创造万物。人、天、地都内含自身的规律，拥有自然的本性。因此，"道"辅助万物的自然本性，使万物以适合自身本性的方式发展。

在这个大前提下，老子认可人自然的生理欲望，肯定人们正常的物质需求，但是反对除自然欲望以外的欲望。过度、泛滥的欲望来自追求外在的虚假享受，"五色""五音""五味""驰骋田腊"都代表刺激人们欲望的各种外物。这些外物不是出于生命的自然需求，而是出于感官刺激和享乐，损害了人素朴的本性。而且，当外在诱惑越来越多，心境也变得浑浊、复杂，不再有"虚静"，渐渐远离了"道"。

老子主张"为腹不为目"，"为腹"就是满足人自然的生理欲望，比如渴而饮、饥而食以及生理性欲。如果过度追求享乐，就是"为目"。"去彼而取此"正如徐复观说的"是使欲望不受心知的指使拨弄，珍惜自身的纯生理的本能，积累各个生命以内的自然，而不向外追求'客体化'的欲望；只是……个人得到自然的满足，与人无争，因而自己也不会因争而受到伤害"。

【原文】

甲本：五色使人目明^①，驰骋田腊使人□□□，难得之货使人之行方^②，五味使人之口啪^③，五音使人之耳聋^④。是以声人之治也，为腹不□□，故去罢耳此^⑤。

乙本：五色使人目盲，驰骋田腊使人心发狂⑥，难得之货使人之行仿，五味使人之口爽，五音使人之耳□。是以圣人之治也，为腹而不为目⑦，故去彼而取此。

河本：五色令人目盲；五音令人耳聋；五味令人口爽；驰骋田猎令人心发狂；难得之货，令人行妨。是以圣人为腹不为目，故去彼取此。

王本：五色令人目盲，五音令人耳聋，五味令人口爽，驰骋畋猎令人心发狂，难得之货令人行妨。是以圣人为腹不为目，故去彼取此。

【注释】

①五色使人目明：五彩缤纷的颜色使人眼花缭乱。"盲"写作"明"，疑为抄写之误。五色，青、赤、黄、白、黑，这里泛指多种颜色。目盲，喻眼花缭乱。

②难得之货使人之行方：奇珍异宝会诱使人败坏德行。难得之货，泛指各种奇珍异宝。方，作"妨"。行方，品德、品行受到伤害。

③五味使人之口咖：浓郁可口的食物使人口舌不知味。五味，酸、甜、苦、辣、咸，这里泛指多种美味。咖，作"爽"，动词，发生差失。

④五音使人之耳聋：繁杂的五音使人听觉失灵。五音，宫、商、角、徵、羽，这里泛指多种乐音。耳聋，喻听觉失灵。

⑤故去罢耳此：所以，摒弃物欲，持守无欲安足的生活。罢，作"彼"。耳，为"取"之误。

⑥驰骋田腊使人心发狂：纵马驰骋围猎使人气躁心狂。驰骋，纵横奔走。田，古"畋"字。腊，通"猎"。

⑦为腹而不为目：关注民众能否温饱，不追逐声色犬马等外在诱惑。腹，民众的温饱。目，代指外界的各种欲望。

【译文】

五彩缤纷的颜色使人眼花缭乱，繁杂的五音使人听觉失灵，浓郁可口的食物使人舌不知味，纵马驰骋围猎使人气躁心狂，奇珍异宝会诱使人败坏德行。因此，圣人治理天下，关注民众能否温饱，不追逐声色犬马等外在诱惑。所以，摒弃物欲，持守无欲安足的生活。

第十三章

【题解】

于世人而言，受宠则喜而悦之，受辱则悲而怒之。老子一反常言，认为无论是受宠还是受辱，都要以惊惧之心看待，好像大祸临身。世人都把荣宠视为好事，多以宠为"上"，老子却提醒我们宠为"下"。王弼对此句的注解为："宠必有辱，荣必有患，宠辱等，荣患同也。"王弼在这里将"宠"等同于"辱"。我们习惯将"宠"与"辱"当成一对反义词，但王弼认为老子在此处是将"宠"视为"辱"，破除世人常规的思维模式。

第十七章云："太上，下知有之。其次，亲誉之。其次，畏之。其下，母之。"这句话将君主的统治分为四种，第二种统治下百姓对君主"亲誉之"可对应本文的"宠"；第四种统治下百姓对君主"母（侮）之"可对应本文的"辱"。无论是宠也好，辱也好，都不是最理想的"太上，下知有之"，都背离了"道"无为的原则。君主或做好行为，获得百姓的称赞，或胡作非为，获得百姓的辱骂，两者都是有为的行为，都出自人的自我意识或自我中心，都不可长久，终究归于失败。得宠时意气风发，担心失宠；失宠时惶惶不可终日，因此"得之若惊，失之若惊"。

无论是君主还是个人，受制于荣辱，其根源都在于过度关注自己，关注别人对自己的态度，关注身外之物。这些私欲、私利会带来祸患，无私欲、私利则无祸患。因此，老子主张"无身"。老子的"无身"并不是否定人的生理存在，而是否定智识、欲望使然的"身"——自我中心主义的偏私之我。消除私我和自我中心意识，清静无为，知足不辱，知止不殆，如此可以免患。

最后一句话点明圣人或求道者真正所"贵"所"爱"的是"以身为天下"，圣人之治不是为了满足一己之私欲，也不计荣辱得失，唯恐祸患随时而至，而是追求更高的境界，所谓"（圣）人恒无心，以百省之心为心"（第四十九章），如此才可以把天下众生寄托于他。

【原文】

甲本：龙辱若惊，贵大梡若身①。苟胃龙辱若惊？龙之为下②。得之若惊，失□若惊，是胃龙辱若惊。何胃贵大梡若身③？吾所以有大梡者，为吾有身也；及吾无身④，有何梡？故贵为身于为天下⑤，若可以迊⑥天下矣；爱以身为天下，女⑦可以寄天下。

乙本：弄⑧辱若惊，贵大患若身。何胃弄辱若惊？弄之为下也。得之若惊，失之若惊，是胃弄辱若惊。何胃贵大患若身？吾所以有大患者，为吾有身也；及吾无身，有何患？故贵为身于为天下，若可以橐⑨天下□；爱以身为天下，女可以寄天下矣。

河本：宠辱若惊，贵大患若身。何谓宠辱？辱为下。得之若惊，失之若惊，是谓宠辱若惊。何谓贵大患若身？吾所以有大患者，为吾有身，及吾无身，吾有何患？故贵以身为天下者，则可寄于天下；爱以身为天下者，乃可以托于天下。

王本：宠辱若惊，贵大患若身。何谓宠辱若惊？宠为下。得之若惊，失之若惊，是谓宠辱若惊。何谓贵大患若身？吾所以有大患者，为吾有身；及吾无身，吾有何患！故贵以身为天下，若可寄天下；爱以身为天下，若可托天下。

【注释】

①龙辱若惊，贵大梡若身：得到宠爱或遭受耻辱，都像是受到惊吓一样，将它看重得如同祸患缠身。龙，同"宠"，是"宠"的古字。贵，看重。梡，作"患"。

②龙之为下：受宠是卑下的事情。下，卑下。

③何胃贵大梡若身：为什么说重视祸患如同重视自身？何胃，通"何谓"，为什么。

④及吾无身：如果不留意自身。及，通"若"，如果。无身，不留意自身。王弼注云："归之自然也。"

⑤故贵为身于为天下：所以，只有那些看重用自己全部身心去治理天下的人，才可以把天下交给他。

⑥迈：“托”的借字。

⑦女：同“如”。

⑧弄：“龙”的借字，“龙”即“宠”。

⑨橐：作“托”。

【译文】

得到宠爱或遭受耻辱，都像是受到惊吓一样，将它看重得如同祸患缠身。什么叫得宠和受辱都感到惊恐不安？宠爱是卑下的，得到它会感到不安，失去它也会惊恐，这就叫宠辱若惊。什么叫重视祸患如同重视自身？我之所以有大患，是因为我有身体；如果没有身体，那么我还有什么祸患呢？所以，只有那些看重自己的身体并用自己全部身心去治理天下的人，才可以把天下交给他；只有那些愿意以自己全部身心去治理天下的人，才可以把天下托付给他。

第十四章

【题解】

本章是对"道"的描述。

"道"超出了人的感官知觉能力范围，用眼睛看、用耳朵听、用手触摸等方式都不能捕捉到"道"。这是因为"道"的本性是完整的、浑然一体的、不可分割的，无状无象、无声无响。而人的耳目鼻舌手等感官越敏锐，越趋向偏颇与分辨，就越不能体悟到"道"。"道"的特点是"微""希""夷"，似有还无，似无还有，老子称其为"惚恍"。这个"惚恍"也是对"道"的勉强称呼，它表明了人由于局限性永远无法真切、清楚地把握无限的"道"。

既然"道"如此不可捉摸，老子在最后为什么还是教导人们把握、秉持"道"的规律，驾驭今日的各种事物呢？"惚恍"是"道"存在的一种状态——混沌、自然，同时也应该是人体悟"道"的方式——身心处于混沌、纯朴的状态。人应该向"道"的"惚恍"趋近，放弃感官欲望的极致追求，"塞其闷，闭其门"（第五十六章），保持一种雌弱、虚静的状态（也就是"惚恍"），这就是把握"道"的规律了。

【原文】

甲本：视之而弗见，名之曰䁩①。听之而弗闻，名之曰希②。捪之而弗得，名之曰夷③。三者不可至计④，故圂⑤□□□。一者，其上不攸⑥，其下不忽⑦，寻寻⑧呵不可名也，复归于无物。是胃无状之状，无物之□□□□□□□□□□□而不见其首。执今之道，以御今之有⑨，以知古始，是胃□□。

乙本：视之而弗见，□之曰微。听之而弗闻，命之曰希。捪之而弗得，命⑩之曰夷。三者不可至计，故绲而为一。一者，其上不谬，其下不忽，寻寻呵不可命也，复归于无物。是胃无状之状，无物之象，是胃沕望⑪。随而不见其后，迎而不见其首。执今之道，以御今之有。以知古始，是胃道纪⑫。

河本：视之不见名曰夷，听之不闻名曰希，搏之不得名曰微。此三者，不可致诘，故混而为一。其上不皦，其下不昧。绳绳不可名，复归于无物。是谓无状之状，无物之象，是为忽恍。迎之不见其首，随之不见其后。执古之道，以御今之有。以知古始，是谓道纪。

王本：视之不见名曰夷，听之不闻名曰希，搏之不得名曰微。此三者，不可致诘，故混而为一。其上不皦，其下不昧。绳绳不可名，复归于无物。是谓无状之状，无物之象，是谓惚恍。迎之不见其首，随之不见其后。执古之道，以御今之有。能知古始，是谓道纪。

【注释】

①视之而弗见，名之曰鹭：怎么看也看不见的东西，把它叫作"微"。之，指"道"。鹭，同"微"，隐而不见。

②希：静而无声。河上公注云："无声曰希。"

③捪之而弗得，名之曰夷：怎么摸也摸不到的东西，把它叫作"夷"。捪（mín），抚摸。夷，无形，无色。

④至计：同"致诘"，穷究、深究。

⑤囷：通"混"。

⑥其上不攸：它上面显得不明亮。帛书乙本作"谬"，通"皦"，明亮的意思。

⑦其下不忽：它下面也显得不昏暗。"忽"，通"昧"，昏暗的意思。

⑧寻寻：作"绳绳"。河上公注："绳绳者，行动无穷极也。"

⑨以御今之有：用来驾驭现实存在的具体事物。御，驾驭，统治。有，通"域"。

⑩命：同"名"，命名之意。

⑪沕望：通"惚恍"，亦即"恍惚"，若有若无之状。

⑫以知古始，是胃道纪：能认识、了解宇宙的端始，这就叫作"道"的规律了。古始，古初，端始。道纪，"道"的规律。

【译文】

怎么看也看不见的东西，把它叫作"微"；怎么听也听不到的东西，把它叫作"希"；怎么摸也摸不到的东西，把它叫作"夷"。这三者难以区分开来，因此混沌为一体。它上面显得不明亮，下面也显得不昏暗，绵延不绝却又不可名状，一切运动又都回到了无形无象的状态。这就是没有形状的形状，没有具体物象的形象，所以把它叫作"惚恍"。从后面去追赶它，看不见它的尾；从前方去接近它，看不见它的头。把握着早已存在的"道"，用来驾驭现实存在的具体事物。能认识、了解宇宙的端始，这就叫作"道"的规律了。

第十五章

【题解】

前一章对不可名状的"道"进行了形象描述，紧接着这一章是对有道者的修养和风貌作"强为之容"的形容。"道"体现出的玄妙特点也决定了善为道者"微妙玄通，深不可识"的特质，这既说明为道者对"道"的真知和践行，同时为道者也以自我知"道"和行"道"向世人传达了"道"。

老子对为道者的态度是"夫唯不可志，故强为之容"，这也指向了"道"的不可识。"道"超越了人的认知、概念，难以落入言诠。因此，对有道者的形容只能采用隐喻、类比等方式。刘笑敢对此解释道："我们很难用高尚、仁慈、谦虚、谨慎、旷达、懦弱等词语描述之。这些词语似乎接近理想之士的某个方面，但讲出来，总是有些死板、生硬，掉入世俗的价值体系。"

"与（豫）"原是一种野兽，性好疑虑，以此暗喻有道者做事审时度势、慎重思考，像行走在冬天的冰面上一样。高亨说："心必戒惧，行必徐迟。""犹"也是一种野兽，它表现出一种警觉、小心的样子，说明为道者做事不敢放肆，就像身处四邻相围之地。"俨"与"犹""豫"展现的品格一脉相承，不敢以"主"自立，虽然谨慎但不唯诺，而是严肃庄重的样子。接着把为道者比为消融的冰水，显示他们柔顺可亲、谦虚的一面。接下来三句更像描述为道者的人格品质或说生命底色，他们为人淳厚质朴，如原木；内心开阔豁达，如幽谷；生命浑沌纯朴，如浊流。为道者身上的种种品质其实都是反映了"道"的德性。

"道"一方面是永恒运动的，所谓"反也者，道之动也"（第四十一章）、"（周行而不殆）"（第二十五章），另一方面动中有静，动以静为法则，所谓"（归根曰）静，是胃复命"（第十六章）。谁能使浊流静下来慢慢澄清，谁能使静水动起来慢慢显出生机？老子用反问句说明为道者能效法"道"亦浊亦清，兼有动静两种性状于一身。

本章最后一句表明本章的核心"不欲盈"。为道者种种行为品性都不贪求盈满，懂得节制自身的欲望。长久持守此道的人因为对万事万物不欲盈的品质，宁可守住自己的蔽短，不妄加干涉、损害事物的全和满，正因如此反倒臻于大成。

【原文】

甲本：□□□□□□□□□□深不可志①。夫唯不可志，故强为之容②。曰：与③呵其若冬□□□□□畏四□□□其若客。涣呵其若淩泽④。刟呵其若楃。淸⑤□□□□□□若浴。浊而情之余清⑥，女以重之余生⑦。葆此道不欲盈，夫唯不欲□□□□□□成。

乙本：古之善为道者，微眇玄达，深不可志。夫唯不可志，故强为之容。曰：与呵其若冬涉水。犹呵其若畏四邻。严⑧呵其若客。涣呵其若淩泽。沌呵其若樸⑨。淸呵其若浊。湵呵其若浴⑩。浊而静之徐清，女以重之徐生。葆此道□欲盈，是以能檕而不成⑪。

河本：古之善为士者，微妙玄通，深不可识。夫唯不可识，故强为之容。与兮若冬涉川；犹兮若畏四邻；俨兮其若客。涣兮若冰之将释；敦兮其若朴。旷兮其若谷；浑兮其若浊。孰能浊以静之徐清？孰能安以久动之徐生？保此道者不欲盈，夫唯不盈，故能蔽不新成。

王本：古之善为士者，微妙玄通，深不可识。夫唯不可识，故强为之容。豫焉若冬涉川。犹兮若畏四邻。俨兮其若容。涣兮若冰之将释。敦兮其若朴。旷兮其若谷。混兮其若浊。孰能浊以静之徐清？孰能安以久动之徐生？保此道者不欲盈，夫唯不盈，故能蔽不新成。

【注释】

①志：通"识"。

②强为之容：勉强对它进行形容。强，勉强。容，形容。

③与：同"豫"，迟疑慎重。

④涣呵其若凌泽：焕然释放啊，好像冰块缓缓消融。涣，散去，解散。凌，同"凌"，冰。泽，"释"的借字，消融。

⑤潽：通"混"，混沌不分。

⑥浊而情之余清：谁能使浊流静下来慢慢澄清？情，通"静"。余，"徐"字的省写。

⑦女以重之余生：谁能使静水动起来慢慢显出生机？女，"安"字的省写。重，通"动"。

⑧严：通"俨"，庄重。

⑨沌呵其若楃：纯朴厚道啊，好像没有经过加工的朴木。沌，作"敦"，敦厚。"楃"，未经刀斧削斫的朴木。

⑩湷呵其若浴：旷远豁达啊，好像深幽的山谷。湷，通"旷"，空旷、宽阔。浴，作"谷"，山谷。

⑪能弊而不成：能够去故更新。弊，作"敝"，破旧、衰败。不，通"丕"，大。季旭昇云："'丕'，早期经典皆作'不'"。

【译文】

古时善于行道的人，见解微妙而且深刻玄远，幽深到一般人无法理解。正因为无法理解，所以只能勉强地对它进行形容。他迟疑慎重啊，好像冬天踩着冰过河；他犹豫不决啊，好像居于强邻的包围之中；他恭敬庄重啊，好像要去赴宴做客。他焕然释放啊，好像冰块缓缓消融；他纯朴厚道啊，好像没有经过加工的朴木；他浑厚包容啊，好像浑沌的江河；他旷远豁达啊，好像深幽的山谷。

谁能使浊流静下来慢慢澄清，谁能使静水动起来慢慢显出生机？持守着道的人不图自满。正因为他从不自满，所以能够去故更新，最终大成。

第十六章

【题解】

　　"观复"是老子哲学的一个核心思想，它表达了天地万物运动变化的规律和本质，即天地万物异彩纷呈、蓬勃发展，最终都要返本归根，周而复始。这是万物变化的永恒规律，即所谓"常"。"观"是老子认为体悟"道"的重要方式，通过观具体事物，体悟具体事物背后普遍的本质。

　　"至虚极也，守情表也"是"观"的状态，即心无杂念，保持安静，达到虚极的境界。"观复"的过程就是从万物的"有"观到万物之根的"无"，即先从观芸芸众生开始，老子并没有停留在具体、感性认识上，而是观万物生生不息的原因和本质，这样也就达到了对于"道"的观照。万物"各复归于其根"，"复"即复命，"归根"即归到恒久不灭的"道"。"观复"是为了体悟"道"的运行规律，然后据此来指导人的行动。人的行动也应当依循"道"，从"道"的高度来看万事，内心能够豁达、包容、公正。合于"道"便能长久存在，终生不会遭遇危险。

【原文】

　　甲本：至虚极也①，守情表也，万物旁作②，吾以观其复③也。天物云云④，各复归于其□□□□□静，是胃复命⑤，复命常⑥也，知常明也⑦；不知常，帚⑧，帚作，凶。知常容⑨，容乃公⑩，公乃王⑪，王乃天⑫，天乃道，□□□。沕身不怠。

　　乙本：至虚极也，守静督⑬也，万物旁作，吾以观其复也。天物祐祐，各复归于其根。曰静，静，是胃复命。复命常也，知常明也；不知常，芒，芒作，凶。知常容，容乃公，公乃王，□□天，天乃道，道乃□。没身不殆。

河本：致虚极，守静笃。万物并作，吾以观其复。夫物芸芸，各复归其根。归根曰静，是谓复命。复命曰常，知常曰明。不知常，妄作，凶。知常容，容乃公，公乃王，王乃天，天乃道，道乃久，没身不殆。

王本：致虚极，守静笃。万物并作，吾以观复。夫物芸芸，各复归其根。归根曰静，是谓复命。复命曰常，知常曰明；不知常，妄作，凶。知常容，容乃公，公乃王，王乃天，天乃道，道乃久。没身不殆。

【注释】

①至虚极也：达到极致的心灵空明。至，通"致"，达到。虚，形容心灵空明。极，极致，顶点。

②作：生长发展。王弼注云："动作生长。"

③复：循环往复。

④天物云云：万物纷繁复杂。天，为"夫"之误。云云，纷繁、众多的样子。

⑤复命：复归自然的本性。

⑥常：指万物运动变化中的永恒规律。

⑦知常明也：懂得复归于自然这一永恒规律才称得上明达。明，明达。

⑧帀："妄"的借字，妄行。

⑨知常容：懂得永恒规律就能包容。容，包容。河上公注："无所不包容也。"

⑩容乃公：包容才会公正坦荡。公，公正。河上公注："公正无私。"乃，然后、才。

⑪公乃王：公正坦荡就使天下人所归往。王，天下归往。

⑫王乃天：为天下人所归往才能与上天之德相配。天，与天之德相配。

⑬督：作"笃"，"督""笃"古音同，可通假，指甚，彻底。

【译文】

达到极致的心灵空明，坚守彻底的清净无为。万物都一起生长发展，我从中观察其循环往复的道理。那万物纷繁复杂，各自返回其本源。返回本源就叫

"静"，静是复归自然的本性。复归自然的本性是万物运动的永恒规律，懂得复归于自然这一永恒规律才称得上明达。不认识永恒规律，就会轻举妄行。妄行，就会做出凶险之事。懂得永恒规律就能包容，包容才会公正坦荡，公正坦荡就使天下人所归往，为天下人所归往才能与天之德相配，与上天合德才能符合自然之道，符合自然之道才能长久，终生不会遭受危险。

第十七章

【题解】

本章论述统治者应当如何治理国家。

"道法自然"，而达到自然最好的方法和原则便是无为。因此，在老子看来，最理想的圣人之治当清静无为，行不言之教，尊重百姓的生活习性和四时规律。在这个理想的统治下，百姓能按照自然本性生活，做到"自化""自正""自富""自均""自朴"，自然而然地生活。

百姓"亲誉之"的君主，或许是因为言而有信、做了利于百姓的事；百姓"畏之""母之"的君主，或许是因为言而无信、做了不利于百姓的事。无论哪一种统治，都是有所作为。第二十九章云："夫天下神器也，非可为者也。为之者败之，执之者失之。"统治者有所作为，不是符合"道"的做法，终究会走上败落。

老子主张统治者贵言、希言，不轻易发号施令（犹呵，其贵言也），最好隐而不显，行不言之教。社会治理得好，百姓不对统治者歌功颂德，而是说"我自然"。这句"我自然"即对统治者最大的赞赏。

【原文】

甲本：太上^①，下知有之^②。其次，亲誉之^③。其次，畏之^④。其下，母之^⑤。信不足，案^⑥有不信。□□其贵言^⑦也。成功遂^⑧事，而百省^⑨胃我自然^⑩。

乙本：太上，下知又^⑪□□□亲誉之。其次，畏之。其下，母之。信不足，安有不信。犹^⑫呵，其贵言也。成功遂事，而百姓胃我自然。

河本：太上，下知有之；其次，亲之誉之；其次，畏之。其次，侮之。信不足焉。犹兮，其贵言。功成事遂，百姓皆谓我自然。

王本：太上，下知有之。其次，亲而誉之。其次，畏之。其次，侮之。信不足焉，有不信焉。悠兮，其贵言。功成事遂，百姓皆谓我自然。

【注释】

①太上：最上，最好。有两解：一指人君、统治者；二指时世、世代。文中指最好的统治者。

②下知有之：陈鼓应考证发现明太祖本、潘静观本等一些版本都作"不知有之"，意思是"百姓感觉不到统治者的存在"。这种解释似乎更近老子本意，从本章最后一句看更是如此。

③其次，亲誉之：次一等的统治者，百姓亲近他并且称赞他。其次，次一等的统治者。亲誉，亲近而称誉。

④其次，畏之：再次一等的统治者，百姓畏惧他。其次，再次一等的统治者。畏，畏惧、畏服。

⑤其下，母之：最下等的统治者，百姓轻慢侮辱他。母，通"侮"，轻慢侮辱。

⑥案："安"的借字，于是。

⑦贵言：形容不轻易发号施令。贵，看重。言，发号施令。

⑧遂：成就、完成。

⑨百省：作"百姓"。

⑩自然：自成，本就如此。

⑪又：通"有"。

⑫犹：同"悠"，悠然的样子，即清静无为。

【译文】

最好的统治者，百姓只是知道他的存在；次一等的统治者，百姓亲近他并且称赞他；再次一等的统治者，百姓畏惧他；最下等的统治者，百姓轻慢侮辱他。统治者的诚信不足，百姓是不会相信他的。最好的统治者清静无为，不轻易发号施令。事情办成功了，百姓会认为：我们本来就是这样的。

第十八章

【题解】

本章开篇即言"故"（因此），在文义与上一章相连。大道未废之时，是"太上，下知有之"的理想之治。大道既废之后，或有仁义，百姓对君主"亲誉之"；或有"大伪""不和"，百姓对君主"畏之""辱之"。

老子认为仁义是"道"之德缺失之后的产物。"道"不仁，只有"（生而）弗有也，为而弗寺也，长而弗宰也"（第五十一章）的玄德。而且，真正的道德不需要刻意宣传，因为"道褒无名"（第四十一章）"光而不眺"（第五十八章），此即《庄子·大地》所谓"端正而不知以为义，相爱而不知以为仁"。人们丧失了原有的"道德"，是因为欲望太多、知识太多。人一旦从"道"中抽离，人的知识、欲望、行事都落在"道"所创生下的物质层面，无论开始的初心或好或坏，之后都难免被局限视野，从自我出发，不能以"道"观之，转而成为欲望所操控的"智巧"和"大伪"。

老子并不彰扬仁义、孝慈、忠贞，但他也决非要站在其对立面。老子反对的是把仁义、孝慈、忠贞当作教条而刻意为之，主张自然地流露，不必标榜"仁义""孝慈""忠贞"。

【原文】

甲本：故大道废，案有仁义①。知快出②，案有大伪。六亲不和，案有畜兹③。邦家昏乱，案有贞④臣。

乙本：故大道废，安有仁义。知慧出，安有□□。六亲不和，安又孝兹。国家阋乱，安有贞臣。

河本：大道废，有仁义；智慧出，有大伪。六亲不和，有孝慈。国家昏乱，有忠臣。

王本：大道废，有仁义。慧智出，有大伪。六亲不和，有孝慈。国家昏乱，有忠臣。

【注释】

①故大道废，案有仁义：因此，大道被废弃了，才开始提倡仁义。废，废弃。案，"安"的借字，即"乃"，于是。

②知快出：智谋机心出现。知，通"智"。快，为"慧"之误抄。

③六亲不和，案有畜兹：六亲不和睦，才开始提倡孝慈。六亲，父子、兄弟、夫妇。畜兹，作"孝慈"。

④贞：正。

【译文】

因此，大道被废弃了，才开始提倡仁义；智谋机心出现，才产生严重的伪诈；六亲不和睦，才开始提倡孝慈；国家陷于混乱，才会出现忠臣。

第十九章

【题解】

　　此章是对上章的呼应，老子站在"道"的立场上，认为"仁义"的出现是社会失"道"的结果，因此提出了"绝声弃知""绝仁弃义""绝巧弃利"以求"见素抱朴""少私而寡欲""绝学无忧"，其主旨则是向"道"的复归。

　　老子一向推崇圣人，此处却说"绝圣弃智"。此处的"圣"并非指圣人，它与"智""仁""义""巧""利"并举，可见是指一种价值观。从人而来的"圣智"即便本意是好的，其本质也是将"己所欲"强施于人，与"道"的自然无为相悖，因此是要弃绝的。"仁义"具有一定安邦定国的作用，但它的存在本身就是相对的，老子提倡"绝仁弃义"为的是消解仁义的对立面，即消解仁义背后有目的、功利、矫揉造作的仁义，使人们回归到自然、天性之仁爱。老子一贯主张：绝弃机巧货利，盗贼就会消失，比如在第三章云"不贵难得之货，使民不为盗"，在第五十七章云"人多知，而何物兹"。圣智、仁义、机巧都违反了人心的自然，弃绝这三者就是回归人素朴之本性，少私寡欲。

【原文】

　　甲本：绝声弃知，民利百负①。绝仁弃义，民复畜兹。绝巧弃利，盗贼无有。此三言也，以为文未足②，故令之有所属③。见素抱□□□□□□□□□□。

　　乙本：绝圣弃知，而民利百倍。绝仁弃义，而民复孝兹。绝巧弃利，盗贼无有。此三言也，以为文未足，故令之有所属。见素抱朴④，少私而寡欲⑤。绝学无忧⑥。

　　河本：绝圣弃智，民利百倍。绝仁弃义，民复孝慈。绝巧弃利，盗贼无有。此三者，以为文不足，故令有所属。见素抱朴，少私寡欲。绝学无忧。

王本：绝圣弃智，民利百倍。绝仁弃义，民复孝慈。绝巧弃利，盗贼无有。此三者，以为文不足，故令有所属。见素抱朴，少私寡欲。绝学无忧。

【注释】

①绝声弃知，民利百负：抛却聪明和智谋，百姓可以得到百倍的好处。绝，抛弃。声，通"圣"。知，通"智"。负，同"倍"。绝声弃知，郭店简本作"绝智弃辩"，陈鼓应说通观《道德经》全书，"圣人"一词出现了 32 次，老子以"圣"喻最高人格修养境界，显然是肯定"圣人"的，不至于说"绝声（圣）"，而"绝声（圣）弃知（智）"一词见于庄子后学《在宥》等篇，应是传抄者据此妄改的。前面题解中对"绝圣"有新解，聊备一说。

②此三言也，以为文未足：以上三者全是巧饰，作为治理社会的法则是远远不够的。三言，以上的三种巧饰的东西。文，文饰。

③属：归属。

④见素抱朴：保持纯洁朴实的本性。见，知、懂得。素，未染色的丝，这里指纯洁；朴，未经雕琢的木，这里指朴实。

⑤少私而寡欲：减少私欲杂念。

⑥绝学无忧：摒弃所谓的学问，就能无忧无虑。

【译文】

抛却聪明和智谋，百姓可以得到百倍的好处；抛弃仁义的法则，百姓可以恢复孝慈的天性；抛弃巧诈和私利，就不会有盗贼产生。以上三者全是巧饰，作为治理社会的法则是远远不够的，所以要使人们的思想认识有所归属：保持纯洁朴实的本性，减少私欲杂念。摒弃所谓的学问，就能无忧无虑。

第二十章

【题解】

本章论述了行道之人的人生态度。

世人明辨是非善恶，善于将差别绝对化，不能等齐观之。然而"道"一也，以"道"观之，世俗上的差别则不足道。于是老子提出人人所畏惧的人也要畏惧那些畏惧他的人们。在古代，人人畏惧的就是君主，也就是说臣民畏惧君主，君主也要畏惧臣民。以此，老子也模糊了"畏"与"被畏"的对立。

老子描述了"我"与世人的行为不同，"我"与世人一同活在这个世界上，世人执着于"有"，争名逐利、寻欢觅乐，像所谓的聪明人一样积蓄更多的盈余；而"我"像个愚人，追求"无"，淡泊无争、无知无欲，见素抱朴、向道而行。

愚人真愚吗？世人真聪明吗？老子列举了"我"与世人的种种不同，其根本原因在于人生态度及价值取向上的不同，"我"以体悟"道"而践行"道"为贵，世人失去"道"的真朴，欲望增加，以欲望享乐为贵。

正如老子所说："知我者希，则我贵矣。是以（圣）人被褐而襄玉。"（第七十二章）"我"与世人越不同，越说明了世人离"道"之远，而"我"则是道之所在，虽千万人，吾往矣。

【原文】

甲本：唯与诃①，其相去几何？美与恶，其相去何若？人之□□，亦不□□□□□□□□□□□□□众人熙熙，若乡于大牢，而春登台②。我泊焉未佻，若□□□□累呵，如□□□□□皆有余，我独遗③。我禺人之心也，春春呵。鬻□□□□□□昏呵。鬻人蔡蔡④，我独闵闵⑤呵。忽呵，其若□望呵，其若无所止。□□□□□□□□以悝。我欲独异于人，而贵食母。

乙本：唯与呵，其相去几何？美与亚，其相去何若？人之所畏，亦不可以不畏人⑥。望⑦呵，其未央才⑧！众人熙熙，若乡于大牢，而春登台。我博焉未姚，若婴儿未咳⑨。累⑩呵，似无所归。众人皆又余，□□□我愚人之心也，湷湷呵⑪。鬻人昭昭，我独若闷呵⑫。鬻人察察，我独闽闽呵。汹呵，其若海。望呵，若无所止⑬。众人皆有以，我独园以鄙⑭。吾欲独异于人，而贵食母⑮。

河本：唯之与阿，相去几何？善之与恶，相去何若？人之所畏，不可不畏。荒兮其未央哉！众人熙熙，如享太牢，如春登台。我独怕兮其未兆，如婴儿之未孩。乘乘兮，若无所归。众人皆有余，而我独若遗。我愚人之心也哉，沌沌兮！俗人昭昭，我独若昏。俗人察察，我独闷闷。忽兮若海，漂兮若无所止。众人皆有以，而我独顽似鄙。我独异于人，而贵食母。

王本：唯之与阿，相去几何？善之与恶，相去若何？人之所畏，不可不畏。荒兮，其未央哉！众人熙熙，如享大牢，如春登台。我独泊兮，其未兆，如婴儿之未孩。傫傫兮，若无所归。众人皆有余，而我独若遗。我愚人之心也哉，沌沌兮。俗人昭昭，我独昏昏。俗人察察，我独闷闷。淡兮，其若海。飂兮，若无止。众人皆有以，而我独顽似鄙。我独异于人，而贵食母。

【注释】

①唯与呵：应诺和呵斥。唯，应答声，用于幼对长、下对上，以示恭顺。呵，斥责声，怠慢声。

②众人熙熙，若乡于大牢，而春登台：众人兴高采烈，如同去参加盛大的宴席，又如同春天里登台眺望美景。熙熙，作"熙熙"，和乐嬉笑。乡，通"享"，供物祭祀。大牢，即太牢，帝王祭祀时隆重的祭典，使用了牛、羊、猪三牲，后也指丰盛的筵席。而，如同。

③遗，借作"匮"，匮乏。

④鬻人蔡蔡：众人工于算计。鬻，借作"俗"。蔡蔡，"察察"之借字，精于算计的样子。

⑤阆阆："闷"之借字，糊涂，不清楚。

⑥人之所畏，亦不可以不畏人：为人所惧怕的人，也不可不畏惧那些怕他

的人。

⑦茫："望"的本字，通"荒"，茫茫。

⑧其未央才：没有尽头。央，尽。才，通"哉"。

⑨我博焉未姚，若婴儿未咳：我淡泊不为所动，好像初生婴儿还不会发出笑声。博，通"泊"，淡泊。姚，通"兆"，征兆，形容不炫耀自己。咳，小儿笑。

⑩累：疲惫不堪。

⑪我愚人之心也，湷湷呵：我如同愚人一般无识无求，混沌无知。湷湷，帛书甲本作"惷惷"，都同"沌沌"，混沌无知的样子。

⑫鬻人昭昭，我独若閲呵：众人炫耀自己的时候，只有我昏昏昧昧。昭昭，炫耀自己。閲，"昏"的借字。

⑬汹呵，其若海。茫呵，若无所止：惚恍啊，犹如大海汹涌。恍惚啊，像是无所停留。汹，通"惚"。茫，读作"恍"。

⑭众人皆有以，我独闷以鄙：众人都有所作为，唯独我愚昧且笨拙。以，用。闷，通"顽"，愚钝之意。

⑮食母：得到道。食，用也，得到。母，道也。

【译文】

应诺和呵斥，相差多远？美好和丑恶，又相差多远？为人所惧怕的人，也不可不畏惧那些怕他的人。宇宙茫茫，好像没有尽头的样子。众人兴高采烈，如同去参加盛大的宴席，又如同春天里登台眺望美景。而我却淡泊不为所动，好像初生婴儿还不会发出笑声。疲惫不堪啊，像长途跋涉没有归宿。众人都富足有余，而我却不足。我如同愚人一般无识无求，混沌无知。众人炫耀自己的时候，只有我昏昏昧昧；众人工于算计的时候，唯独我糊涂无知。恍惚啊，犹如大海汹涌。惚恍啊，像是无所停留。众人都有所作为，唯独我愚昧且笨拙。我与众不同，关键在于我得到了"道"。

第二十一章

【题解】

本章说明了"道"与"德"的关系，以及再次对"道"作了描述。"道"是老子哲学的最高的准则，是万物之源，"德"是本体之"道"的功能作用。"德"唯"道"之命是从。"道"非万物之内的一物，也非万物之外的一物。有学者把"道"的存在解释为"虚无的真实、真实的虚无"。"道"本是冲虚的状态，无状之状，无物之象，因此用"唯望唯忽"来勉强描述。但冲虚的"道"中并不是一无所有，里面蕴藏着创生万物的无限能量。"道"创生万物，从"无"到"有"，又复归于"无"，也就是从"其中有象"到"其中有物"的过程。"其中有象"与"大象无形"的"象"一样，不是指具体的物象，而是指形而上的"象"，象征的是"道"创生的无限可能性，是属于"无"的范畴；"其中有物"的"物"不是指万物，而是"有"，是万物之上的"有"。"道"幽冥深远，似乎不可见，但它不仅是真实的，而且其存在及运行是真实可信的。从古至今，"道"生成天地万物，有一物必有一名，然而这些名都不是恒名，唯有"道"是恒常不变的，是万物之始，万物之母。

老子最后问，我为什么知道万物开始的情形？就是前面说的"孔德之容，唯道是从"以及"道"的"朢沕（恍惚）、有象、有物、有请（精）、有信"的原理，即"道"的表现形式、存在状态和永恒性。懂得了"道"才能知道万物包括人类自己的开始状态及其变化和归途。

【原文】

甲本：孔德之容^①，唯道是从^②。道之物，唯望唯忽□□□呵，中有象^③呵。望呵忽呵，中有物^④呵。灂呵鸣呵^⑤，中有请^⑥吔。其请甚真，其中□□自今及古，其名⑦不去，以顺众仪⑧。吾何以知众仪之然，以此。

乙本：孔德之容，唯道是从。道之物，唯朢唯沕⑨。沕呵朢呵，中又象呵。朢呵沕呵，中有物呵。幼呵冥呵，其中有请呵。其请甚真，其中有信⑩。自今及古，其名不去，以顺众父。吾何以知众父之然也，以此。

河本：孔德之容，唯道是从。道之为物，唯恍唯忽。忽兮恍兮，其中有象；恍兮忽兮，其中有物。窈兮冥兮，其中有精。其精甚真，其中有信。自古及今，其名不去，以阅众甫。吾何以知众甫之然哉？以此。

王本：孔德之容，惟道是从。道之为物，惟恍惟惚。惚兮恍兮，其中有象。恍兮惚兮，其中有物。窈兮冥兮，其中有精。其精甚真，其中有信。自古及今，其名不去，以阅众甫。吾何以知众甫之状哉，以此。

【注释】

①孔德之容：大德之人的行动举止。孔，大。德，"道"在具体事物中的体现。容，运作，形态。

②唯道是从：以"道"为准绳。

③象：形象。

④物：实物。

⑤潭呵鸣呵：深远暗昧啊！潭，作"幽"，深远貌。鸣，作"冥"，昏暗不明。

⑥请：通"精"，精神、精气、细微的物质存在等。

⑦名：道之功用。

⑧以顺众仪：只有通过它才能观察万物的初始。顺，遵循，通过。众，万物之始，亦即"道"。

⑨唯朢唯沕：恍恍惚惚而难以辨明。朢，通"恍"。沕，通"惚"。

⑩其请甚真，其中有信：这"道"甚是真切啊，真实而又可信。王弼注云："信，信验也。"

【译文】

大德之人的行动举止，以"道"为准绳。"道"恍恍惚惚而难以辨明。迷离恍惚啊，其中却有形象。缥缈迷离啊，其中却有实物。深远暗昧啊，其中存实不虚。这"道"甚是真切啊，真实而又可信。从现在上溯到远古，它的功用永远不能被废除，只有通过它才能观察万物的初始。我怎样才能知道万事万物起始的情况呢？是从"道"认识的。

第二十二章

（今传本第二十四章）

【题解】

踮脚站立非自然之态，是急躁、刻意的行为，违背了"道"的自然无为，其结果注定是失败的。踮脚站是站不长久的，这是人人都知晓的经验常识。老子借此喻理，笔锋直指"自是者"（自以为是者）、"自见者"（自我显露者）、"自伐者"（自我夸耀者）、"自矜者"（自我骄矜者）这四类将自我放在高于一切的位置上的人。一个人过度地展现自我，兴起贪欲，势必会向他人过度索取，影响他人的自主。处于此种状态的人不是归向"道"，因此有道者不处。

《道德经》中常有"自"类词语出现。"自"类词语呈现了主体自身存在的种种状态，体现了老子对主体状态的认识和反思。每个人都有天生的欲望，人在世界中生活、与他人的交往，都是一个呈现自身的过程，关键在于如何理性地管控自己的欲望，如何合理地展示自己，才是符合生命本然的要求。第三十七章云："化而欲作，吾将阗之以无名之朴。"老子主张遵循人性的自然生活，与"道"同行、与"德"相伴，在保证自己自主、自由的同时警惕、约束自己，也保证他人的自由、自主，而不是一味地追求放任欲望的绝对自由。如此，社会才能保持和谐、平衡的秩序。

【原文】

甲本：炊①者不立，自视②不章□见者不明，自伐③者无功，自矜④者不长。其在道，曰馀食赘行⑤。物⑥或恶之，故有欲⑦者□居。

乙本：炊者不立，自视者不章，自见者不明，自伐者无功，自矜者不长。

其在道也，曰食赘行，物或亚之，故有欲者弗居。

河本：跂者不立，跨者不行。自见者不明，自是者不彰，自伐者无功，自矜者不长。其于道也，曰余食赘行。物或恶之，故有道者不处也。

王本：企者不立，跨者不行。自见者不明，自是者不彰，自伐者无功，自矜者不长。其在道也，曰余食赘行，物或恶之，故有道者不处。

【注释】

①炊：通"企"，踮起脚。

②自视：作"自是"，自以为是。

③自伐：自我炫耀。

④自矜：骄矜自负。

⑤馀食赘行：多余的饮食和行动，指上述"自见者""自伐者""自矜者"的行为都是多余而无用的。

⑥物：人，众人。

⑦欲：通"裕"，道。其义与河本、王本"故有道者不处"同。

【译文】

踮起脚跟站立者不能久立，自以为是的人得不到显昭，自逞己见的人不高明，自吹自擂的人建立不起功勋，自负自大的人不能得到认同。从"道"的角度看，以上这些都是多余的、无用的行为，惹人厌恶，所以有道的人绝不这样做。

第二十三章

（今传本第二十二章）

【题解】

"曲则金，枉则定，洼则盈，敝则新，少则得，多则惑"都揭示了事物之间存在矛盾对立的关系，前后两者表面上是矛盾的，实质上具有一致性。反过来说，表面上没有矛盾，实质上却是矛盾的。比如"自视""自见""自伐""自矜"与"明""彰""功""长"表面是一致的，其实质却是矛盾的。这也表明了圣人能够看透事物的本质所在，反思世人的存在状态，约束自我的意志、欲望、行为等，做到与第二十二章完全相反的"不自见""不自视""不自伐""不自矜"。圣人如此做是因为"抱一"，即以"道"为价值准则和行为原则。"道"不自大，圣人效法"道"，将自我的欲望控制在合理的范围内，处"弱"而"不争"，如此就能达到"莫能与之争"的人生境界。

"（圣）人之道，为而弗争。"（第六十八章）不争者或委曲者之所以反而能得胜，得到保全，正是因为其所作所为符合天之道，利而不害，故能不争而胜。

【原文】

甲本：曲则金^①，枉则定^②，洼则盈^③，敝则新^④，少则得，多则惑。是以声人执一^⑤，以为天下牧^⑥。不□视故明，不自见故章^⑦，不自伐故有功，弗矜故能长。夫唯不争，故莫能与之争。古□□□□□□□语才！诚金归之^⑧。

乙本：曲则全，汪^⑨则正，洼则盈，獘则新，少则得，多则惑。是以圣人执一，以为天下牧。不自视故章，不自见也故明，不自伐故有功，弗矜故能长。夫唯不争，故莫能与之争。古之所胃曲全者，几语才^⑩！诚全归之。

河本：曲则全，枉则直，洼则盈，弊则新，少则得，多则惑。是以圣人抱一为天下式。不自见故明，不自是故彰，不自伐故有功，不自矜故长。夫唯不争，故天下莫能与之争。古之所谓曲则全者，岂虚言哉！诚全而归之。

王本：曲则全，枉则直，洼则盈，敝则新，少则得，多则惑。是以圣人抱一，为天下式。不自见故明，不自是故彰，不自伐故有功，不自矜故长。夫唯不争，故天下莫能与之争。古之所谓曲则全者，岂虚言哉！诚全而归之。

【注释】

①曲则金：委曲反而会保全。金，与"全"通假，保全。则，反而。

②枉则定：屈就反而会守正。枉，屈，弯曲。定，作"正"。

③洼则盈：处于低洼反而会充盈。洼，指四周高、中间低的凹陷之处。盈，满。

④敝则新：陈旧反而会更新。敝，破旧。帛书乙本写作"緐"，同义。

⑤是以声人执一：所以圣人守道。是以，因此，所以。声人，即圣人。执一，守道。

⑥牧：法度。

⑦章：同"彰"，彰显。

⑧诚金归之：确实做到周全，就会回归于"道"。诚，实在、确实。金，通"全"。归，归回、恢复。

⑨汪："枉"的借字。

⑩几语才：岂只是一句空话。几，通"岂"。才，通"哉"。

【译文】

委曲反而会保全，屈就反而会守正，处于低洼反而会充盈，陈旧反而会更新，少取反而会获得更多，贪多反而会迷惑。所以圣人守道，把道作为天下的法度，不自以为是，所以声名昭彰；不自我表现，所以能看得分明；不自吹自擂，所以能功勋卓著；不自高自大，所以能长久。正因为不与世人相争，所以天下没有人能与他争。古时所谓"委曲便会保全"的话，岂只是一句空话？如果一个人确实能够做到，就会回归于"道"。

第二十四章

（今传本第二十三章）

【题解】

"听之而弗闻，名之曰希"（第十四章），希言也就是听不到什么语言，无言。自然之教无言，引申到政治领域便是统治者少发布政教法令，正如第六十章云："治大国若烹小鲜。"烹制小鱼要尽量减少翻炒，就如同治国需要清静无为一样。

根据物极必反的道理，任何事物在某一方面发展到极限时，就会走向其反面。风和雨不断发展，以至达到暴风骤雨的地步，到了反的临界点，就会向相反的方向发展，不能一直延续下去。老子以此为喻，谴责了统治者无道的行为终不能长久，因为这是"道"的运动规律决定的，即使是天地也不能改变，更何况是人呢。

第十六章云："不知常，帝，帝作，凶。"了解"道"的规律，用它来指导我们的行动，这就是"同于道"。"道"的彰显就是"德"，因此效法"道"的自然品德，就是与"道"之德相伴。"失者"就是不按照"道"和"德"的规律行事、无道失德的人。认识"道"，践行"道"之"德"，"道"就会乐意眷顾他，而背"道"叛"德"之人，"道"也会抛弃他。以上，老子从正反两方面说明了行"道"才是正途。

【原文】

甲本：希言①自然，飘风不冬朝②，暴雨不冬日。孰③为此，天地□□□□□□□□□故从事而道者同于道④，德者同于德⑤，者者同于失。同□□□

道亦德之。同于□者，道亦失之。

乙本：希言自然。飉⑥风不冬朝，暴雨不冬日。孰为此，天地而弗能久，有兄于人乎！故从事而道者同于道，德者同于德，失者同于失⑦。同于德者，道亦德之。同于失者，道亦失之。

河本：希言自然。飘风不终朝，骤雨不终日。孰为此者？天地。天地尚不能久，而况于人乎？故从事于道者，道者⑧同于道，德者同于德，失者同于失。同于道者，道亦乐得之；同于德者，德亦乐得之；同于失者，失亦乐失之⑨。信不足焉，有不信焉⑩。

王本：希言自然，故飘风不终朝，骤雨不终日。孰为此者？天地。天地尚不能久，而况于人乎！故从事于道者，道者同于道，德者同于德，失者同于失。同于道者，道亦乐得之；同于德者，德亦乐得之；同于失者，失亦乐得之。信不足焉，有不信焉。

【注释】

①希言：少言或不言，引申为少发布政令。希，通"稀"，少。

②飘风不冬朝：狂风刮不了一整个早晨。飘风，大风、狂风。冬，"终"的古字。朝，早晨。

③孰：疑问代词，谁。

④故从事而道者同于道：所以，投身于道的人要与道合一。从事，投身。

⑤德者同于德：投身德的人与德合一。王弼注云："德，得也。少则得，故曰德也。"

⑥飉："飘"之借字。

⑦失者同于失：失道与失德的人与失合一。失，失道，失德。帛书甲本此句第一个"者"字应为"失"，抄写之误。

⑧河本、王本此句有两个"道者"，据帛书本及俞樾之说，乃衍文，删。

⑨此句河本、王本语脉不畅，且与帛书本差异较大，以帛书本为优。

⑩此句疑是错简重出，帛书本无此二句。

【译文】

少发政令不扰民是合乎自然的。狂风刮不了一整个早晨，暴雨下不了一整天。是谁使它们这样的呢？天地尚不能让疾风骤雨持久，更何况是人呢？所以，投身于道的人与道合一，投身于德的人与德合一，失道失德的人与失合一。同于德的人，道也乐于得到他；同于失道失德的人，道也会抛弃他。

第二十五章

【题解】

　　"道"是一个无形且难以名状的存在，它不仅先于天地而存在，还是万物的源头和母体。老子在这里强调了"道"的几个关键特性：自然生成、独立不变、周而复始地运行，以及它对整个宇宙生生不息的养育和支撑作用。

　　"道"的自然生成表明它是自然而然存在的，不依赖外界因素，也不由任何先前的存在所创造。这一点体现了"道"的独立和自主性。道存在于一切之前，是一种纯粹的本原状态，不受时间和空间的限制。

　　老子还描述了"道"的恒常和不变性，即使在外部环境发生变化时，"道"本身仍保持其固有的本性和状态。这种不变性使"道"成为宇宙中最根本、最稳定的存在。

　　此外，"道"的养育性也是其核心特征之一。作为万物之母，"道"不仅孕育了天地和万物，还继续影响和指导它们的发展与变化。这种养育作用是无形的，但它确保了宇宙中事物的有序和和谐。

　　老子通过这些描述，展示了"道"的全面性和多维性。"道"不仅是宇宙的基础，也是维持宇宙秩序和生命力的关键。通过理解"道"的本质和遵循其原则，人们可以实现与自然的和谐共生，从而用智慧的生活方式实现生活的平衡。这些观点不只是哲学思考，同时也提供了在实践中追求简单、平和生活的指导。

【原文】

　　甲本：有物昆成①，先天地生②。繡呵缪呵③，独立□□□可以为天地母④。吾未知其名⑤，字之曰道。吾强为之名曰大⑥，大曰筮⑦，筮曰

□□□□□□天大，地大，王亦大。国^⑧中有四大，而王居一焉。人法地，地法□□□□□□□□□。

乙本：有物昆成，先天地生。萧呵漻呵，独立而不玹^⑨，可以为天地母。吾未知其名也，字之曰道。吾强为之名曰大，大曰筮，筮曰远，远曰反^⑩。道大，天大，地大，王亦大。国中有四大，而王居一焉。人法地，地法天，天法道，道法自然^⑪。

河本：有物混成，先天地生。寂兮寥兮，独立而不改，周行而不殆，可以为天下母。吾不知其名，字之曰道，强为之名曰大，大曰逝，逝曰远，远曰反。故道大，天大，地大，王亦大。域中有四大，而王居其一焉。人法地，地法天，天法道，道法自然。

王本：有物混成，先天地生。寂兮寥兮，独立不改，周行而不殆，可以为天下母。吾不知其名，字之曰道，强为之名曰大，大曰逝，逝曰远，远曰反。故道大，天大，地大，王亦大。域中有四大，而王居其一。

【注释】

①有物昆成：有一个东西浑然无迹而自然生成。物，指"道"。昆，通"混"。

②先天地生：在天地形成之前就已经存在。

③繡呵缪呵：寂寞而空虚。繡，作"萧"，寂寞，冷落。缪，通"寥"，空虚，静默。

④可以为天地母：可以看作天地万物的根源。

⑤名：名字。

⑥吾强为之名曰大：勉强给它起个名字叫作"大"。强，勉强。为之名，给它取个名字。大，形容"道"广大无边，无所不包。

⑦大曰筮：广大无边而运行不息。曰，介词，于是。筮，作"噬"而通"逝"，指"道"的运行不息。

⑧国：与"域"同义。

⑨独立而不玹：独立长存而永不停息。玹，义同"改"，改变，这里指停息。

⑩筮曰远，远曰反：运行不息而伸展遥远，伸展遥远而又回归本源。远，指伸展遥远。反，即"返"，指返回本原。

⑪人法地，地法天，天法道，道法自然：人取法地，地取法天，天取法道，而道则效法自然。法，取法。

【译文】

有一个东西浑然无迹而自然生成，在天地形成之前就已经存在。寂寞而空虚，独立长存而永不停息，可以作为万物的根本。我不知道它的名字，只好叫它"道"。勉强给它起个名字叫作"大"。它广大无边而运行不息，所以说道大、天大、地大、人也大。宇宙间有四大，而人只居其中之一。人取法地，地取法天，天取法道，而道则效法自然。

第二十六章

【题解】

本章的核心主题是讨论"重"与"轻","静"与"躁"在治理和个人行为中的重要性。在古代中国，这些特质被用来象征和评价君主等统治阶层的理想行为模式。文中通过阐述这些对立特性的平衡，来表达道德和政治的理念。这里的"重"代表稳重，是行为的根基，而"轻"则指轻率，容易导致失去"重"这一根基。这种对比强调了稳重的重要性，特别是对于领导者而言。静象征安静、冷静的状态，被视为理想的领导态度，而躁动则象征急躁和不稳定。静可以控制躁，维持一种平衡状态，是高尚领导力的标志。

君子或圣人表现出不离开辎重（承担基本责任和负担）的行为模式，即使在具有诱惑的环境中也能保持超然独立的态度。这表明真正的领导者应当坚持自己的职责，即使在轻松的环境中也不放弃重要的职责。本章以"万乘之王"（大国之君）的形象结束，批评那些以轻率和急躁的态度治理天下的君主。这里的警示是，轻率可能导致失去根本（民心、国基），而躁动则可能导致失去君位（使权力不稳定）。领导者应当追求稳重和冷静，这样才能维持治理的稳定和高效。

【原文】

甲本：□为至根，清为趮君^①，是以君子众日行^②，不蘺其甾重^③。唯有环官^④，燕处□□若。若何万乘^⑤之王，而以身至于天下^⑥？至则失本，趮则失君。

乙本：重为轻根^⑦，静为趮君，是以君子冬日行，不远其甾重。虽有环官，燕处则昭若^⑧。若何万乘之王，而以身轻于天下？轻则失本，躁则失君。

河本：重为轻根，静为躁君。是以圣人终日行，不离辎重。虽有荣观、燕处，超然。奈何万乘之主，而以身轻天下？轻则失臣，躁则失君。

王本：重为轻根，静为躁君，是以圣人终日行，不离辎重。虽有荣观，燕处超然。奈何万乘之主，而以身轻天下？轻则失本，躁则失君。

【注释】

①清为趡君：清静是浮躁的主宰。清，作"静"，安静。趡，作"躁"，躁动。君，主宰。

②是以君子众日行：因此君子终日行走。君子，德行高的人，这里是指士大夫。众，"终"之借字。

③不萬其甾重：不离开载装行李的车辆。甾，通"辎"。甾重，军队中载器械和粮食的车。

④唯有环官：虽然有自己营建的楼台亭榭。环，通"营"，营造、营建。官，通"观"，楼台亭榭总称。

⑤万乘（shèng）：乘，量词，古代兵车一车四马为一乘。万乘，指拥有万辆兵车的君主，指大国的君主。

⑥以身亞于天下：以轻率躁动的态度治理天下。

⑦重为轻根：稳重是轻率的根本。帛书甲本中亞为"轻"的借字，轻率。根，根本。

⑧燕处则昭若：超然处之，不为物动。燕处，闲居乐处。昭，与"超"同音相借；"若"义同于"然"。昭若，即超然，不为外物所动。

【译文】

稳重是轻率的根本，清静是浮躁的主宰。因此君子终日行走，不离开载装行李的车辆，虽然有自己营建的楼台亭榭，却能超然处之，不为物动。那为什么大国的君主还要轻率躁动地治理天下呢？轻率就会失去根本，急躁就会丧失君位。

第二十七章

【题解】

本章通过各种比喻阐述了道家的核心哲学——"无为而治"。在这里，"无为"不仅指外在的无动作，而且更关注于一种内在的、自然流露的品质和智慧。无论是行动、言语、计算、关闭还是结缚，真正的技艺和智慧体现在不依赖显而易见的工具或强制手段，而是通过更加微妙和内在的方式来实现目的。文中的"善人"使用无形的方法达到目的，如无须物理锁具的关闭技巧，或无须竹码的计算能力。这样的技艺不仅体现了高超的能力，更是一种心性的展现。

圣人的描述进一步强调了这种无为的精神。圣人不抛弃任何人或事物，表现出一种全面的接纳和救赎的态度。这种行为背后的原则是对自然本性的尊重和利用，而不是对抗或压制。

此外，文中对"师"和"资"的讨论，反映了社会和人际关系中的尊重与依赖，即使是智者也需正确对待导师和资源，这是维持智慧与洞察的基石。

整体来看，这段文字用生动的比喻，向我们展示了道家追求自然和谐与智慧自然流露的生活态度和世界观等深刻内涵。

【原文】

甲本：善行者无彻迹①□言者无瑕適②。善数者不以筹筴③。善闭者无關籥④而不可启也。善结者□□约而不可解也。是以声人恒善俅人⑤，而无弃人，物无弃财⑥，是胃愧明⑦。故善□□□之师⑧；不善人，善人之资也。不贵其师，不爱其资，唯知乎大眯，是胃眇要⑨。

乙本：善行者无达迹，善言者无瑕適。善数者不以檮筭。善闭者无关籥而不可启也。善结者无缥约⑩而不可解也。是以圣人恒善救人，而无弃人，物无弃财，是胃曳明。故善人，善人之师；不善人，善人之资也。不贵其师，不爱其资，虽知乎大迷，是胃眇要。

河本：善行无辙迹，善言无瑕谪。善计不用筹策；善闭无关楗而不可开，善结无绳约而不可解。是以圣人常善救人，故无弃人；常善救物，故无弃物，是谓袭明。故善人者，不善人之师；不善人者，善人之资。不贵其师，不爱其资，虽智大迷，是谓要妙。

王本：善行无辙迹，善言无瑕谪。善数不用筹策；善闭无关楗而不可开，善结无绳约而不可解。是以圣人常善救人，故无弃人，常善救物，故无弃物，是谓袭明。故善人者，不善人之师；不善人者，善人之资。不贵其师，不爱其资，虽智大迷，是谓要妙。

【注释】

①善行者无劖迹：善于行走的，不会留下足迹。善行，善于行走。劖，通"辙"，车轮轧出的痕迹。

②瑕谪（shì）：玉的斑痕，比喻人的缺点或过失。

③善数者不以筹筭：善于计算的，不用筹码。善数，善于计算。筹筭，即"筹策"，古代的计算工具，用竹子制成，俗称"竹码子"，相当于算盘。

④閞篇（yuè）：关楗，器物上用以开关的机件。

⑤俅人：即"救人"，挽救人。

⑥财：通"材"，指物之性。

⑦愧明：蕴藏光明，指内藏智慧。"愧"，与曳、袭古音同。

⑧师：老师、先生。

⑨眇要：精深微妙。

⑩缥约：同"绳约"，绳索。

【译文】

善于行走的，不会留下足迹；善于言谈的，不会在言语上留下任何破绽；善于计算的，不用筹码；善于关闭的，不用栓梢而使人打不开；善于捆绑的，不用绳索而使人解不开。因此，圣人经常善于援助他人，所以没有被遗弃的人；经常善于物尽其用，所以没有被废弃的物品，这就叫作内藏的智慧。所以善人可以做不善之人的老师，不善之人是善人的可鉴之资。不善的人如果不尊重老师，善人如果不看重其可鉴之资，即使自以为绝顶聪明，其实也不过是个大糊涂。善人与不善人之间的关系是精深微妙的。

第二十八章

【题解】

本章内容通过对比如雄与雌、白与黑、荣与辱等对立概念，揭示了道家追求平衡与和谐的哲学思想。文中强调，真正的智慧和道德力量来源于对力量与柔性、光明与黑暗、高位与低位的深刻理解和适当的把握。通过"知其雄，守其雌"的表述，表达了强者应保持谦逊，对力量的使用应以温和和非侵略性为原则，从而达到一种高效且和谐的行为模式。

"为天下溪"和"为天下浴"这样的比喻，进一步强调了道家倡导的低调与谦卑，象征着即便居于高位或具备力量，也选择甘居低下，这种放低自我的姿态可以带来更多的内在平静和社会稳定。此外，通过反复提到的"复归于婴儿、朴、无极"，表达了一种回归自然、纯真和终极真理的哲学追求，这种回归不是简单的逃避现实，而是通过深刻的自我反省和对事物本质的洞察，达到心灵的清净和智慧的提升。

整体来看，本章不仅是对个人如何修身养性的指导，也隐含了对社会治理和人际关系处理的深刻见解。通过内在的平衡和对自然规律的顺应，达到一种超越常规对立和冲突的生活态度和治理方式，这是道家教义中一种非常独特和深邃的智慧表达。

【原文】

甲本：知其雄^①，守其雌^②，为天下溪^③。为天下溪，恒德不鸡^④。恒德不鸡，复归婴儿^⑤。知其日，守其辱^⑥，为天下浴^⑦。为天下浴，恒德乃足。恒德乃□□□□□知其，守其黑，为天下式^⑧。为天下式，恒德不貣^⑨。恒德不貣，复归于无极^⑩。楃^⑪散□□□□人用则为官长，夫大制无割^⑫。

乙本：知其雄，守其雌，为天下雞^⑬。为天下雞，恒德不离。恒德不离，复□□□□其白^⑭，守其辱，为天下浴。为天下浴，恒德乃足。恒德乃足，复归于朴。知其白，守其黑，为天下式。为天下式，恒德不贷。恒德不贷，复归于无极。朴散则为器，圣人用则为官长^⑮，夫大制无割。

河本：知其雄，守其雌，为天下溪。为天下溪，常德不离，复归于婴儿。知其白，守其黑，为天下式。为天下式，常德不忒，复归于无极。知其荣，守其辱，为天下谷。为天下谷，常德乃足，复归于朴。朴散则为器，圣人用之，则为官长，故大制不割。

王本：知其雄，守其雌，为天下谿。为天下谿，常德不离，复归于婴儿。知其白，守其黑，为天下式。为天下式，常德不忒，复归于无极。知其荣，守其辱，为天下谷。为天下谷，常德乃足，复归于朴。朴散则为器，圣人用之为官长，故大制不割。

【注释】

①雄：雄性，这里喻雄强、躁进。

②雌：雌性，这里喻柔静、谦下。

③溪：溪流，代表甘居低下的地位。

④鸡："离"之误写。

⑤复归婴儿：恢复到婴儿的纯真状态。

⑥知其日，守其辱：深知荣耀的盛誉，甘守卑下的位置。日，通"荣"。

⑦浴：通"谷"，山谷。

⑧式：范式。

⑨贷：通"忒"，差错。

⑩无极：不可穷极的真理。

⑪楃：通"朴"，指"道"原始真朴的状态。

⑫大制无割：完善的政治是不可分割的。制，管理，治理，引申为政治。割，割裂。

⑬雞："溪"或"谿"的借字。

⑭白：当为"日"的误写。

⑮官长：百官的上司。

【译文】

　　深知什么是雄强，却安守雌柔的地位，甘愿做天下的溪涧。做天下的溪涧，永恒的德性不会丧失。永恒的德性不丧失，就会恢复到婴儿的纯真状态。深知什么是明亮，却安守暗昧，甘愿做天下的范式。甘愿做天下的范式，永恒的德性就不会出差错。永恒的德性不会出差错，就会回到无穷无极的境界。深知荣耀的盛誉，甘守卑下的位置，甘愿做天下的山谷。做天下的山谷，永恒的德性才得以充足，从而回归到自然本初的状态。真朴的道分散成宇宙万物，有道的人沿用真朴，则为百官之长。所以说，完善的政治是不可分割的。

第二十九章

【题解】

本章讨论了治理和行动的道家哲学，特别是对处理宏大事务的深刻见解。老子在这里提出，过分的干预和强制性的行动通常会导致失败和失控。通过"将欲取天下而为之，吾见其弗得已"这一表述，他指出对于治理国家或管理大型组织，采取强制性的行动往往是出于无奈，这种做法并不理想。

老子认为天下是神圣的，不可随意操控，用"天下神器也，非可为者也"来表达对重要事物应保持敬畏的态度。他强调，那些试图通过强行掌控或管理的人，最终会导致事物的败坏或失去控制。这一点通过"为者败之，执者失之"得到了进一步的阐释，说明过度控制反而会破坏事物的自然状态和发展。

在描述人的反应和行为时，他使用了如"物或行或隋，或热或硰，或陪或堕"等表述，这些比喻显示了人们在不同情况下的自然反应，以及如何通过更加柔和、具备适应性的方式来引导他们，而不是通过命令或直接干预。

老子提倡的治理策略是"去甚，去大，去楮"，即避免极端和过度的行为，通过简约和避免过度的行为来维护平衡和稳定。这种策略不仅适用于个人修养，也适用于社会和政治治理，通过尽量减少干预，让事物沿着它们的路径自然发展。

【原文】

甲本：将欲取天下而为之^①，吾见其弗□□□□□□器也，非可为者也。为者败之，执^②者失之。□物或行或随^③，或炅^④或□□□□□，或杯或撱^⑤。是以声人去甚^⑥，去大^⑦，去楮^⑧。

乙本：将欲取□□□□□□□□□得已。夫天下神器^⑨也，非可为者也。

为之者败之，执之者失之。故物或行或隋⑩，或热或砬⑪，或陪或堕。是以圣人去甚，去大，去诸。

河本：将欲取天下而为之，吾见其不得已。天下神器，不可为也。为者败之，执者失之。故物或行或随；或呴或吹；或强或羸；或载或隳。是以圣人去甚，去奢，去泰。

王本：将欲取天下而为之，吾见其不得已。天下神器，不可为也。为者败之，执者失之。故物或行或随，或歔或吹，或强或羸，或挫或隳。是以圣人去甚，去奢，去泰。

【注释】

①将欲取天下而为之：想要治理天下却又要用强制的办法。取，治，治理。为，这里指"有为"，引申为强制。

②执：把持。

③物或行或随：世人秉性不一，有前行的，有随后的。物，指人。或，有的人。行，指前行。随，指后随。

④帛书甲本"炅"与乙本"热"皆通"嘘"。

⑤或杯或撝：有自爱的，有自毁的。帛书甲本"杯"与乙本"陪"应作"培"，栽培；撝，应作"堕"，毁坏。

⑥去甚：去除过度。

⑦去大：去除放纵。大，即"泰"，放纵。

⑧去楮：去除奢靡。帛书甲本"楮"与乙本"诸"皆为"奢"之借字，奢靡。

⑨天下神器："天下"是神圣的。

⑩隋："随"的借字。

⑪或热或砬：有性缓的，有性急的。热，作"嘘"，缓吹。砬，通"吹"，急吹。"热""砬"喻指人的性格之缓急。

【译文】

想要治理天下却又要用强制的办法，我看他不会达到目的。"天下"是神圣的，不能够凭借自己的主观意愿去强行统治。用强力统治天下，一定会失败；用强力把持天下，一定会失去天下。世人秉性不一，有前行的，有随后的；有性缓的，有性急的；有自爱的，有自毁的。因此，圣人要除去过度的、放纵的、奢靡的行为。

第三十章

【题解】

本章内容深刻反映了老子对于武力使用的批判以及对道家治理原则的倡导。老子明确指出，真正的领导不应依赖武力来强行统治天下，而应以道来辅佐君主，采取非强制性的管理方式。这体现了道家的核心哲学——无为而治，即通过最少的干预来实现治理目标，顺应而非违背自然法则。

在这段文字中，老子警告说，用兵会导致土地荒芜，荆棘丛生，喻示战争带来的破坏是深远和长期的。他强调，即使在不得不使用武力的情况下，也应仅仅为了解决问题而行动，严禁利用战争来彰显力量或追求扩张。老子特别指出，"善者果而已矣"，意味着善于用兵的人应当在达到目的后即刻停手，避免过度行为和任何形式的骄傲或自满。

更进一步，老子用一系列的"果而勿"来表达，如勿矜、勿伐、勿骄、勿强，来强调即使在战争中也应保持谦逊和自制，遵循道的教导，尽量减少冲突和破坏。这些原则不仅是对武力的具体使用提出了约束，也是对各种形式的权力行使的普遍指导。

【原文】

甲本：以道佐人主^①，不以兵□□天下□□□□□所居，楚朸^②生之。善者果而已矣，毋以取强焉^③。果而毋骄^④，果而勿矜，果而□□果而毋得已居^⑤，是胃□而不强。物壮^⑥而老，是胃之不道，不道蚤^⑦已。

乙本：以道佐人主，不以兵强于天下。其□□□□□□□□棘生之。善者果而已矣，毋以取强焉。果而毋骄，果而勿矜，果□□伐，果而毋得已居，是胃果而强。物壮而老，胃之不道，不道蚤已。

河本：以道佐人主者，不以兵强天下。其事好还。师之所处，荆棘生焉。大军之后，必有凶年[8]。善者果而已，不敢以取强。果而勿矜，果而勿伐，果而勿骄，果而不得已，果而勿强。物壮则老，是谓不道，不道早已。

王本：以道佐人主者，不以兵强天下，其事好还。师之所处，荆棘生焉。大军之后，必有凶年。善有果而已，不敢以取强。果而勿矜，果而勿伐，果而勿骄，果而不得已，果而勿强。物壮则老，是谓不道，不道早已。

【注释】

①以道佐人主：依照"道"的原则辅佐君主。佐，辅佐。人主，君主。

②楚杕（lì）：即荆棘。

③善者果而已矣，毋以取强焉：善于用兵的人只要达到救济危难的目的就可以停止了，不以武力逞强。善，指善于用兵的人。果，通"济"，救济危难。已，终止，停止。

④骄：同"骄"，自满，自高自大。

⑤居：语助词，同"乎"。

⑥壮：强壮，强硬。

⑦蚤：通"早"。

⑧"大军之后，必有凶年"一句，河本、王本有，帛书甲、乙本无。

【译文】

依照"道"的原则辅佐君主，不靠军队逞强于天下。穷兵黩武必然会得到报应。军队所到的地方，荆棘横生。善于用兵的人，只要达到救济危难的目的就可以停止了，不以武力逞强。即使达到了目的，也不因此而自以为是；即使达到了目的，也不因此自我夸耀；即使达到了目的，也不因此自我骄纵。达到了目的，也认为是不得已而为之。此即所谓虽胜而不强横跋扈。事物过于强大就会走向衰朽，这就说明它不符合"道"，不符合"道"的，就会很快走向败亡。

第三十一章

【题解】

在本章中，老子提出了对战争和兵器的深刻反思，强调兵器作为"不祥之器"的本质，反映了道家对于战争的本质态度：战争是不吉利的，应当尽可能避免。老子主张，战争工具不应被视为光荣或美好之物，因为过分赞美兵器和战争将导致喜欢杀戮的心态，这是与道家追求的和谐和天道相违背的。

老子特别指出，即使在不得已使用兵器的情况下，也应保持一种内心的恬淡和不情愿的态度。这种观点揭示了老子对道德和行为准则的重视：真正遵循"道"的人会选择不与兵器为伍，并在使用时保持距离感和必要的慎重。

进一步，老子讨论了战争胜利后的处理方式，提倡以丧礼的形式来对待战争胜利，即使是在对敌人的胜利中也应表现出对生命的尊重和对死亡的哀悼。这种做法不仅是对杀戮的悲悯，也显示了对生命的基本敬重和慈悲。

通过这些教导，老子不仅表达了对战争本质的批评，也提出了在不可避免的战争和杀戮中，如何坚持道德原则和促进和平的行为准则。他强调，即使在战争和冲突中，也应尽可能地追求和平与恢复秩序，体现了道家哲学中对平衡、和谐与自然法则的崇高追求。

【原文】

甲本：夫兵者，不祥之器①□。物或恶之②，故有欲者弗居。君子居则贵左，用兵则贵右③。故兵者非君子之器④也，□□不祥之器也，不得已而用之，铦袭⑤为上。勿美也，若美之，是乐杀人也。夫乐杀人，不可以得志于天下矣。是以吉事上左，丧事上右⑥。是以偏将军居左，上将军居右⑦。言以丧礼居之也。杀人众，以悲依立之⑧。战胜，以丧礼处之。

乙本：夫兵者，不祥之器也。物或亚□□□□□□□□□居则贵左，用兵则贵右。故兵者非君子之器，兵者不祥□器也，不得已而用之，铦为上。勿美也，若美之，是乐杀人也。夫乐杀人，不可以得志于天下矣。是以吉事□□□□□是以偏将军居左，而上将军居右。言以丧礼居之也。杀□□□□□立之。□朕，而以丧礼处之。

河本：夫佳兵，不祥之器。物或恶之，故有道者不处。君子居则贵左，用兵则贵右。兵者不祥之器，非君子之器，不得已而用之，恬淡为上。胜而不美，而美之者，是乐杀人。夫乐杀人者，则不可以得志于天下矣。吉事尚左，凶事尚右。偏将军居左，上将军居右。言以丧礼处之。杀人众多，以悲哀泣之，战胜，以丧礼处之。

王本：夫佳兵者，不祥之器。物或恶之，故有道者不处。君子居则贵左，用兵则贵右。兵者不祥之器，非君子之器，不得已而用之，恬淡为上。胜而不美，而美之者，是乐杀人。夫乐杀人者，则不可以得志于天下矣。吉事尚左，凶事尚右。偏将军居左，上将军居右。言以丧礼处之。杀人之众，以哀悲泣之。战胜，以丧礼处之。

【注释】

①不祥之器：不吉利的东西。

②物或恶之：人们都厌恶它。物，指人。恶（wù），厌恶。

③君子居则贵左，用兵则贵右：君子平时以处于左方为贵，而在打仗时以处于右方为贵。左，阳位，属于吉；右，阴位，属于丧。

④非君子之器：不是君子所使用的东西。

⑤铦袭：即"恬淡"，清静而不想有所作为。

⑥是以吉事上左，丧事上右：因此，吉庆的事情以左为上，凶丧的事情以右为上。吉事，指祭祀、冠礼、婚嫁等事。上，"尚"的本字。丧事，指殓奠殡葬等。

⑦是以偏将军居左，上将军居右：因此，副将在左边，上将军在右边。偏将军，偏将，副将。上将军，主将。

⑧杀人众，以悲依立之：战争中死伤众多，要怀有哀痛的心情。依，通

"哀"。立，通"莅"，参加，莅临。

【译文】

兵革是不吉利的东西，人们都厌恶它，因此有道之人远离而不用。君子平时以处于左方为贵，而在打仗时以处于右方为贵。因此，兵革不是有道君子所用的东西，是不祥的东西，迫不得已才使用它，最好淡然处之。胜利了不要自鸣得意。如果自鸣得意，就是喜欢以打仗杀人为乐。喜欢打仗杀人的人，不可能得志于天下。因此，吉庆的事情以左为上，凶丧的事情以右为上。因此，副将在左边，上将军在右边。这就是用丧礼仪式来处理用兵打仗的事情。战争中死伤众多，要怀有哀痛的心情；打了胜仗，也要以丧礼来对待。

第三十二章

【题解】

　　老子通过讨论"道"的特性，阐述了它对天下治理的影响。老子认为"道"本无名，象征其超越性和普遍性，无法被简单定义或限制。"道"的本质是朴素而简单的，这种朴实不是渺小，而是一种不加修饰的原始状态，富有深厚的力量。尽管它看似微小，却因其基本和普遍的特性，无人敢于使其臣服。

　　如果统治者能够守住"道"的这种简单和纯粹，那么万物自然会向其归顺，显示出"道"的吸引力和权威性是自发的，不需要强制。这里的"天地相合，以俞甘洛"意味着"道"与自然和谐一致，可以带来甘露，即对生命的滋养和恩惠，自然而然且平等地覆盖到每一个角落，无须人为的命令或控制。

　　在讨论万物的命名过程中，老子指出一旦开始对事物命名，意味着区分和分类的开始，这是从无形的"道"到有形事物的转变。他强调，了解到名字和形式的局限性后，人应当意识到何时停止，这种自我限制是避免危险和保持平衡的关键。

　　最后，老子通过比喻说明"道"的普遍性和博大，像小溪流入大江大海一样，尽管"道"看似微小，其实它像江海一样包容和广阔。这种比喻不仅展示了"道"的温和与包容，也强调了它在整个宇宙中的基础性作用和存在。

　　通过这一系列的讨论，老子展示了"道"不可见但无所不在的力量，以及它如何自然地影响和指导万物而不倚靠强制力或权威。

【原文】

　　甲本：道恒无名，楃唯□□□□□□□□王若能守之，万物将自宾①。天地相谷②，以俞甘洛③，民莫之□□□□焉。始制有□□□□有，夫□□□□□□所以不□。俾④道之在□□□□□浴之与江海也。

乙本：道恒无名，朴唯小，而天下弗敢臣⑤。侯王若能守之，万物将自宾。天地相合，以俞甘洛，□□□令而自均焉。始制有名⑥，名亦既有，夫亦将知止，知止所以不殆⑦。卑□□在天下也，犹小浴之与江海也。

河本：道常无名，朴虽小，天下不敢臣。侯王若能守之，万物将自宾。天地相合，以降甘露，民莫之令而自均。始制有名，名亦既有，天亦将知之，知之所以不殆。譬道之在天下，犹川谷之与江海。

王本：道常无名，朴虽小，天下莫能臣也。侯王若能守之，万物将自宾。天地相合，以降甘露，民莫之令而自均。始制有名，名亦既有，夫亦将知止，知止可以不殆。譬道之在天下，犹川谷之于江海。

【注释】

①万物将自宾：百姓就会自然地归顺。万物，指众人。宾服，从、归顺。

②谷："合"之误。

③以俞甘洛：就会降下甘霖。俞，"雨"的借字，降雨的意思。甘洛，同"甘露"，甘霖。

④俾：帛书甲本"俾"与乙本"卑"皆通"譬"，意为如同。

⑤道恒无名，朴唯小，而天下弗敢臣："道"永远无名而质朴，虽然幽微难见，天下却没有谁能使它臣服。无名，指"道"的特征。朴，这里指道的真朴。唯，即"虽"。臣，臣服。

⑥始制有名：治理天下一开始就要建立一套管理体制，确定各种名分。始，万物之始。有名，万物之名称、名分。

⑦知止所以不殆：懂得限度、适可而止，就没有什么危险了。止，限度。殆，危险。

【译文】

"道"永远无名而质朴，虽然幽微难见，天下却没有谁能使它臣服。如果王侯能够依"道"治理天下，百姓就会自然地归顺。天地阴阳相合，就会降下甘霖。人们无须命令，甘霖就能自然分布均匀。治理天下一开始就要建立一套管理体制，确定各种名分。名分既然有了，就要懂得限度。懂得限度、适可而止，就没有什么危险了。"道"存在于天下，如同河川流入江海。

第三十三章

【题解】

老子在本章中强调了内在自省和外在洞察的重要性。通过理解自己和他人，个体能够获得力量和智慧，从而引导自己的行为更加坚定和有目的性。老子认为，真正的力量来源于自我克制和超越，而不是征服他人。此外，他提倡满足感，认为对自己已有的感到满足是一种精神上的富有。

老子还探讨了恒久不变的价值，认为保持本心和追求精神上的永恒是生活的重要部分。他提出，在面临生命的终结时，一个人的精神和理念可以超越肉体的存在，从而达到一种形式上的"长寿"。这种哲学不仅仅是关于生与死的思考，更是关于如何在变幻无常中找到恒定与平和。

【原文】

甲本：知人者知也①，自知□□□□者有力也，自胜者□□□□知人：了解、认识别人。□□也，强行②者有志也。不失其所者久也③，死不忘者寿也④。

乙本：知人者知也，自知明也⑤。朕人者有力也，自朕者强也⑥。知足者⑦富也，强行者有志也。不失其所者久也，死而不忘者寿也。

河本：知人者智，自知者明。胜人者有力，自胜者强。知足者富，强行者有志。不失其所者久，死而不亡者寿。

王本：知人者智，自知者明。胜人者有力，自胜者强。知足者富，强行者有志。不失其所者久，死而不亡者寿。

【注释】

①知人者知也：能看清别人的是智者。第一个"知"，意为认识、了解。第二个"知"，通"智"，意为智慧、智者。

②强行：不懈努力，含有勤行之意。

③不失其所者久也：不丧失自己立身的根基就能长久。失，丧失。其所，立身的根基。

④死不忘者寿也：身虽死而精神不亡的人，才算真正的长寿。"死"后脱漏一"而"字。忘，通"亡"，"亡"为本字。

⑤自知明也：能认清自己的是明白人。自知，认识、认清自己。明，聪明、高明。

⑥朕人者有力也，自朕者强也：能战胜别人是有力的，能战胜自己才算刚强。朕，通"胜"。自朕，战胜自己。强，刚强、果决。

⑦知足者：知道满足的人。

【译文】

能看清别人的是智者，能认清自己的是明白人。能战胜别人是有力的，能战胜自己才算刚强。知道满足的人是富有，坚持不懈、持之以恒的人就是有志之士。不丧失自己立身的根基就能长久，身虽死而精神不亡的人，才算真正的长寿。

第三十四章

【题解】

本章主要讲述"道"的广大无边和成就万物却不自恃、不主宰万物的特性，即"道"的"大"与"小"两面。这表明"道"既包容万物，使万物得以生长发展，又不自视为万物之主，这是一种极为谦虚的态度。同时，"道"没有占有欲，不把自己的意志强加于万物，它的存在仿佛若有若无，与世无争。

这种既"大"又"小"的特性，是声人效仿的榜样。圣人以其不自视为大，故能成就其伟大。这表明，在道家哲学中，真正的伟大不是通过自我标榜和争夺权力来实现的，而是通过谦虚、无为和与自然的和谐统一来实现的。

【原文】

甲本：道□□□□□□□□遂事①而弗名有也。万物归焉而弗为主②，则恒无欲也，可名于小③。万物归焉□□为主，可名于大。是□声人④之能成大也，以其不为大也，故能成大。

乙本：道渢呵，其可左右也⑤。成功遂□□弗名有也。万物归焉而弗为主，则恒无欲也，可名于小。万物归焉而弗为主，可名于大。是以人之能成大也，以其不为大也，故能成大。

河本：大道氾兮⑥，其可左右。万物恃之而生而不辞，功成不名有。爱养万物而不为主⑦，常无欲，可名于小；万物归焉而不为主，可名为大。是以圣人终不为大，故能成其大。

王本：大道氾兮，其可左右。万物恃之而生而不辞，功成不名有。衣养万物而不为主，常无欲，可名于小。万物归焉而不为主，可名于大。以其终不为大，故能成其大。

【注释】

①遂事：成就其事。

②万物归焉而弗为主：道为万物所归却不做万物的主宰。主，主宰。

③小：微而不显。

④声人：即圣人。

⑤道沨呵，其可左右也：道广博无际，无处不在。沨，通"氾"，广泛、普遍。左右，泛指到处，无处不在。

⑥此句河本、王本比帛书本多一"大"字。河上公注此句是"道氾氾"，而不是"大道氾氾"，认为"大"字为衍文。

⑦河本作"爱养万物"，王本作"衣养万物"，"衣"与"爱"古通。此句帛书本作"万物归焉而弗为主"，两句差异较大。

【译文】

道广博无际，无处不在。功成事就而不占有声誉。道为万物所归却不做万物的主宰，总是无所欲求，可称为"小"；道为万物所归却不做万物的主宰，可称为"大"。所以，圣人依道而行得以伟大，是因为他不认为自己伟大，反而成就了他的伟大。

第三十五章

【题解】

    本章深刻地体现了老子哲学中"道"的内涵和外延。"执大象"，即把握宇宙的根本法则，是老子哲学的起点。这里的"大象"，可以理解为一种无形的、普遍的、超越具体事物的存在，它既是宇宙的本源，也是一切事物运行的规律。

    老子认为，当人们能够遵循这一根本法则时，社会将自然而然地达到一种和谐的状态，人与人之间不再有争斗和伤害，而是相互尊重和理解。这种状态，老子称为"安平太"，即一种理想的社会秩序，人们生活在其中，内心感到安宁和满足。

    老子进一步指出，尽管音乐和美食能够给人带来短暂的快乐，但这种快乐是表面的、有限的。与之相比，道的平淡无味，虽然不易被感官所感知，却是一种更深层次、更持久的快乐。这种快乐来自对"道"的理解和实践，是一种超越物质享受的精神层面的满足。

    老子的这些思想，实际上是在倡导一种内在的、精神层面的追求。他认为，真正的幸福和满足，不在于外在的物质条件，而在于内心的平和与自我修养。通过不断地修炼和提升自己，人们可以达到与"道"相合的境界，从而获得一种超越物质的、持久的快乐。

【原文】

    甲本：执大象^①，□□往；往而不害^②，安平太^③。乐与饵^④，过格^⑤止。故道之出言也，曰谈^⑥呵其无味也。□□不足见也，听之不足闻也，用之不可既^⑦也。

乙本：执大象，天下往[8]；往而不害，安平太。乐与□过格止。故道之出言也，曰淡呵其无味也。视之不足见也，听之不足闻也，用之不可既也。

河本：执大象，天下往。往而不害，安平太。乐与饵，过客止。道之出口，淡乎其无味。视之不足见，听之不足闻，用之不可既。

王本：执大象，天下往；往而不害，安平太。乐与饵，过客止。道之出口，淡乎其无味。视之不足见，听之不足闻，用之不足既。

【注释】

①执大象：指奉行大道。执，守。大象，指大道。

②害：互相伤害。

③安平太：于是大家就和平而安泰。安，乃，于是。平，平和。太，通"泰"，安泰。

④乐与饵：音乐与美食。乐，音乐。饵，美食。

⑤格："客"的借字，行人。

⑥谈：通"淡"，无味之味。

⑦既：通"尽"，穷尽。

⑧往：向往，归往。

【译文】

执守"道"，全天下都会归顺。同归于道而不彼此伤害，于是大家就和平而安泰。音乐和美食，会使过客停下脚步。可是对"道"的表述却平淡无味，想看它却看不见，想听它却听不到，而它的作用是无穷无尽的。

第三十六章

【题解】

老子在本章中，通过一系列看似矛盾的命题，阐述了一种深刻的哲学思想——事物发展变化的辩证法。这种思想认为，在达到某种状态之前，往往需要经历其对立面。例如，要收敛，必先扩张；要削弱，必先加强。这种看似反常的逻辑，实际上揭示了事物发展的内在规律。

老子进一步指出，这种对立统一的规律，不仅适用于自然界，也适用于人类社会。在社会治理中，过度的扩张和强化往往会导致自身的衰败和崩溃。因此，老子提倡在行动中保持节制，避免走向极端。

"柔弱胜强"这一命题，是老子哲学的核心观点之一。老子认为，柔弱并非无力，而是一种适应性强、灵活变通的品质。在逆境中，柔弱往往能够生存和发展，而刚强则可能因缺乏适应性而失败。这一思想启示我们，在面对挑战时，应保持柔韧和灵活，而不是一味追求强硬和刚直。

最后，老子通过"鱼不可说于渊，国利器不可以示人"这一比喻，强调了事物应留在其适宜的环境中，不应轻易暴露其优势或弱点。这一思想对于个人修养、社会治理乃至国家战略都具有重要的指导意义。它告诉我们，在行动中应保持谨慎和低调，避免过度炫耀和外露。

总之，老子在本章中，通过辩证的视角，深刻揭示了事物发展变化的规律，以及在行动中应保持节制、柔韧和谨慎的道理。

【原文】

甲本：将欲拾①之，必②古张之；将欲弱③之，□□强④之；将欲去之，必古与⑤之；将欲夺之，必古予之。是胃微明⑥。柔弱胜强。鱼不□脱于潚⑦，邦利器不可以视人⑧。

乙本：将欲擒之，必古张之；将欲弱之，必古强之；将欲去之，必古与之；将欲夺之，必古予□：是胃微明。柔弱朕强。鱼不可说于渊，国利器不可以示人。

河本：将欲歙之，必固张之；将欲弱之，必固强之；将欲废之，必固兴之；将欲夺之，必固与之。是谓微明。柔弱胜刚强。鱼不可脱于渊，国之利器不可以示人。

王本：将欲歙之，必固张之；将欲弱之，必固强之；将欲废之，必固兴之；将欲夺之，必固与之。是谓微明。柔弱胜刚强。鱼不可脱于渊，国之利器不可以示人。

【注释】

①拾：帛书甲本"拾"与乙本"擒"通"翕"，收敛。

②必：一定。古通"固"，有必然之意。

③弱：削弱。

④强：加强。

⑤与：通"举"，兴举。

⑥微明：洞察幽微的征兆。

⑦潚：通"渊"，深潭，这里是深水的意思。

⑧邦利器不可以视人：国家的利器不能轻易耀示于人。利器，指国家的刑法等政教制度。视，通"示"，炫耀。

【译文】

想要收敛它，必先扩张它；想要削弱它，必先加强它；想要废弃它，必先兴举它；想要夺取它，必先给予它。这就是洞察幽微征兆的"微明"。柔弱能胜刚强。鱼要想生存就离不开池渊，国家的利器不能轻易炫耀于人。

第三十七章

【题解】

老子在本章中进一步阐述了"道"的本质和作用。"道恒无名"表明"道"是超越言语和概念的，无法被具体命名或定义。这种无名的状态是"道"的常态，因为"道"是一切存在和变化的根源。

老子认为，如果统治者能够领悟并坚守这种无名的道，万物将自然而然地按照自己的本性发展和变化，即"万物将自化"。这里的"自化"指的是万物自发地生长和变化，无须外在的强制或干预。

然而，当万物在自化的过程中产生了贪欲或过度的欲望时，老子提出用"无名之朴"来镇服这些欲望。"无名之朴"可以理解为道的原始、纯粹和未经雕琢的状态，它代表了一种简单、自然和无为的生活态度。通过回归这种状态，可以抑制过度的欲望。

老子强调，当人们能够抑制贪欲，保持内心的平静和宁静时，"天地将自正"。这里的"自正"意味着社会和自然界将自然而然地达到一种和谐、平衡和稳定的状态。这种状态不是通过强制或控制实现的，而是通过顺应道的原则和保持内心的平和来自然实现的。

【原文】

甲本：道恒无名，侯王若守之①，万物将自㦡②。㦡而欲□□□□□□名之㮥。□□□无名之㮥，夫将不辱③。不辱以情④，天地将自正。

乙本：道恒无名，侯王若能守之，万物将自化。化而欲作⑤，吾将闃之以无名之朴⑥。闃之以无名之朴，夫将不辱。不辱以静，天地将自正。

河本：道常无为而无不为。侯王若能守，万物将自化。化而欲作，吾将镇之以无名之朴。无名之朴，亦将不欲。不欲以静，天下将自定。

王本：道常无为而无不为。侯王若能守之，万物将自化。化而欲作，吾将镇之以无名之朴。无名之朴，夫亦将无欲。不欲以静，天下将自定。

【注释】

①守之：守道。

②自㑊：指自生自长。㑊，"化"的借字。

③辱：通"欲"，贪欲。

④情：通"静"。

⑤化而欲作：万物在自生自长中生出欲望。欲，欲望、贪欲。作，出现、发生。

⑥吾将阗之以无名之朴：我就要用"道"的真朴来安定它。阗，通"镇"，镇服，安定。以，用。无名之朴，"道"的真朴。

【译文】

"道"永远无名。侯王如果能依"道"为政治民，万物就会自生自长。万物在自生自长中生出欲望时，我就要用"道"的真朴来安定它。用"道"的真朴来安定它，就不会产生私欲之心了。没有私欲而趋于平静，天地就自然而然走向稳定、安宁。